仏教における女性差別を考える

親鸞とジェンダー

源 淳子
Minamoto Junko

あけび書房

はじめに

本書のキーワードは「親鸞」と「ジェンダー」です。

ジェンダーとは文化的社会的につくられた性差をいい、生物学的性差とは違います。わたしは60代半ば頃から、ライフワークとして、「親鸞とジェンダー」をテーマに書きたいと思っていました。わたしの人生のターニングポイントになったのは、フェミニズム（男女平等をめざす運動や思想）との出逢いです。フェミニズムを学ぶことでジェンダーによる束縛から解放されたのです。

もう一方の親鸞は、わたしが浄土真宗本願寺派の寺に生まれたときから身近なものでした。その親鸞、仏教をジェンダーの視点で考えることができたのも、フェミニズムのおかげです。ジェンダーの視点をもちながら、親鸞思想をよりどころとして生きてきました。

親鸞について書かれた本は山ほどありますが、わたしの親鸞は、研究ではなく、親鸞の教えとしての信心（信仰）でもなく、人生の支柱といったほうが的確です。わたしがジェンダーの視点で生き、ジェンダーと重なる親鸞思想で生きてきたことを書きたいと思い、80歳近くになるまでに書けたらと思っていました。

それを書くにはまだ時間的な余裕があると思っていました。ところが、早く書かねばならないことがおこったのです。ライフワークを早めた理由があります。それは、親鸞に関係する「事件」に出遭ったからです。第1章に記した「東本願寺・ギャラリー展における女性差別の問題」です。

東本願寺から依頼されていたギャラリー展の監修者としてつくったパネルの一部が、宗務総長という教団のトップによって、いきなりないものにされたのです。思いもしない事態に遭遇しました。わたしは、「被害者」のような立場になり、呻吟し、落ち込みました。そのままにしておくことができず、わたしは宗務総長に対して事態をはっきりさせること、「闘う」ことを決心しました。そして、その記録を残すことの大切さを思ったのと同時に、わたしが立ち直るための手段として書くことをわたしに課しました。その詳細を第1章に記しました。

第2章から第6章が、わたしのライフワークとして著したかった内容です。フェミニズムと親鸞思想に生きてきたことの表明であり、問題提起です。

これまで書いてきたことと重複する箇所もありますが、もっとも大きな目的は、「宗教的自立」への問題提起です。「宗教的自立」はわたしが考えたことばです。信仰（信心）のあるなしにかかわらず、宗教にどう対処するかを表しています。また、宗教には経典や宗祖の言説が絶対化されてきた歴史があります。そういうものに差別的表現がある場合、とくに宗教にかかわる人が認めにくいので、その対処の仕方を「宗教的自立」として提起しました。この問題は、第1章と深く関係します。だから、ライフワークとしてこの本書を著したかったのです。

島根県奥出雲の小さな寺に生まれたわたしが、親鸞に慣れ親しんだのは、物心ついてからです。住職である父の話は、多くは仏教や親鸞に関係する話でした。しかし、寺に生まれたことが嫌だったわたしは、父や布教師の話を素直に聞こうとはせず、聞法《もんぽう》が大事といっていた父のことばに耳を傾けることはありませんでした。

親鸞をきちんと勉強したいと思ったのは、大学時代の後半です。団塊世代のわたしは学生生活で、「生きるとは」「人生とは」「死とは」などの問題に直面したからです。そのとき、仏教、親鸞をきちんと学ぼうと思ったのです。

親鸞を学ぶ生涯の師となる信楽峻麿《しがらきたかまろ》先生との出逢いは、龍谷大学の大学院でした。わたしの親鸞理解は信楽先生から学んだものです。親鸞の信心を本書で書いていないのは、信楽先生の受け売りにしかならないからです。

もう一方のジェンダーは、師との出逢いはありませんが、わたしの結婚生活の違和感から始まり、欧米で始まったフェミニズムに出逢い、わたしの人生のターニングポイントになりました。わたしに内面化されていたジェンダーから解き放たれ、この社会の問題がみえてきたのです。

その両者の思想によって、わたしは生きてきました。これからもその思想で生きたいと思っています。

そして、忘れてはならないのが、わたしの支えとなっている仲間です。大切な師である信楽先生とつれあいを亡くした今、仲間の存在は大きいです。その思いをライフワークとしてことばにしたいと考えたのが、本書です。

２０２０年１月14日

源　淳子

もくじ

仏教における女性差別を考える

――親鸞とジェンダー

第1章

東本願寺ギャラリー展での女性差別問題

一　経緯

ギャラリー展監修者の依頼

日本の仏教はさまざまの宗派に分かれ、同じ宗派内でもまた分かれています。奈良時代の南都六宗（三論宗《さんろんしゅう》（元興寺）、法相宗《ほっそうしゅう》（薬師寺）、華厳宗《けごんしゅう》（東大寺）、律宗《りっしゅう》（唐招提寺）、真言律宗《しんごんりっしゅう》（大安寺）、倶舎宗《くしゃしゅう》（興福寺））に始まり、平安仏教の天台宗（比叡山延暦寺）と真言宗（高野山金剛峯寺）を経て、鎌倉仏教がおこります。そのなかに法然（１１３３～１２１２）の弟子であった親鸞（１１７３～１２６２）がいます。そして、親鸞を開祖とする浄土真宗ができました。浄土真宗は10派に分かれます。そのなかにＪＲ京都駅にもっとも近い真宗大谷派があります。通称東本願寺といいます。

真宗大谷派（以下大谷派）の組織のなかに解放運動推進本部（以下「本部」）があります。大谷派の組織は非常に大きく、すべてを網羅することはできませんが、「本部」に関係する組織を簡単に記すと、内局という組織の責任ある部のトップに宗務総長がいます。宗務総長とは、宗教法人である大谷派の代表役員ですから、議会のトップであり、宗務執行の責任者です。宗務総長の下に5人の参務がいます。参務はその下にある例えば解放運動推進本部の本部長を兼ねています。

２０１８年度に「本部」が主催した人権週間ギャラリー展（２０１８年12月6日から２０１９年2月15日まで開催）は、テーマが「経典の中で語られた差別「是旃陀羅《ぜせんだら》」問題と被差別民衆の闘い」でした。４部に分かれた内訳は、１．解放運動からの問いかけ　２．経典に表された被差別民　３．インド被差別民衆―差別への闘い　４．経典に表された女性差別　です。

「経典に表された女性差別」の監修者として、わたしは２０１８年9月28日に正式に依頼を受けました。その前に「本部」から電話で依頼があり、内容を聞きながら、わたしは「こんな仕事ができるなんて、東本願寺はすごい」と思い、躊躇することなく快諾しました。パネルづくりという初めての仕事を喜んでいました。

10月5日、３人の監修者と「本部」の担当者の第1回目の企画会議がありました。いっしょに仕事をする山内小夜子さんを除いて初めての人ばかりでしたが、人権問題への取り組みの姿勢に一生懸命さが伝わってきました。「経典に表された女性差別」と聞いて、すぐ思い浮かぶ内容は、わたしのこれまでの研究とピッタリ合っています。

「本部」の担当者である山内小夜子さんと近藤恵美子さんの二人がわたしと組むのです。若い近藤さんとは初めてお会いしましたが、三人での仕事のやりがいを企画会議の当日に感じました。

パネルづくり

わたしたちがつくるパネルは7枚です。最初の1枚は巻頭言になるので、実質6枚のパネルをつくることになります。どんな流れにしていくのか、何を載せるのかなどの協議を重ねました。実際に仕事を始めて、楽しいと感じました。

流れを考えるにも、歴史的に古い経典からもってくることで一致しますが、どの経典を選ぶかは、むずかしいことです。原始経典（紀元前2世紀から紀元前1世紀頃につくられた）ははずすことにしました。大谷派が主催するからには、大乗経典（『般若経《はんにゃきょう》』『華厳経《けごんきょう》』『法華経《ほっけきょう》』などが有名であり、浄土教系として『無量寿経《むりょうじゅきょう》』『観無量寿経』『阿弥陀経』がある）から選び、浄土真宗に関係する論をもってくることを決めました。

内容的には、浄土真宗以外の現代の問題になっている女性差別も展示したいので、「女人禁制」も入れることにしました。

2018年は、「女人禁制」で全国に知られた話題がありました。土俵上の「女人禁制」です。4月6日、大相撲の巡業先が「舞鶴場所」としておこなわれ、挨拶をしていた舞鶴市長が倒れ、救命措置に土俵上へ上がった女性看護師に対して、行司が「女性は土俵から下りてください」と何度もアナウンスした事件です。「命か「女人禁制」か」と話題になりました。しかし、女性が上がった土俵には大量の塩がまかれ、「女人禁制」問題は女性差別としては全国的レベルの問題とはなりませんでした。「伝統・文化」として、またもや小さな事件に追いやられてしまいました。

さらに、パネルに土俵上の「女人禁制」だけではなく、奈良県にある「大峰山」（正式には山上ケ岳）も載せることになりました。「大峰山」の「女人禁制」は後述します。

3人が協議した7枚のパネルは、次のように決まりました。

1. 巻頭言―解説文
2. 「女人五障《にょにんごしょう》」の教え――――『涅槃経《ねはんぎょう》』
『大智度論《だいちどろん》』龍樹《りゅうじゅ》（150～250年頃）
『浄土論』天親《てんじん》（400～480年頃）
3. 「変成男子《へんじょうなんし》」の思想――――『法華経』「提婆達多品《だいばだったぼん》」
『無量寿経』第三十五願
『浄土和讃』大経意、親鸞
4. 穢《けが》れた存在とみなされてきた女性―『血盆経《けつぼんきょう》和讃』
「血の池地獄絵図」
「女人禁制」結界門《けっかいもん》写真

5. 罪深い存在とみなされた女性――大原《おおばら》（京都府福知山市）の産屋の写真

『女人往生聞書《ききがき》』存覚《ぞんかく》（親鸞の曾孫1290～1373年）

『御文《おふみ》』蓮如《れんにょ》（1415～1499年）

『親鸞聖人正明伝《しょうみょうでん》』（江戸時代に書かれ、親鸞が比叡山に登りたい女性に出会い、登ることができない女性の訴えを聞く逸話）

6. 戦時における性別役割分業――大谷派を中心にして

「女性の得度（僧侶になること）」について

大谷婦人会連名結成の写真

大谷派名古屋教務所の慰問袋の写真

7. 現代も残る女性差別――「女人禁制」として土俵上、だんじり、祇園祭の鉾の上

いちおうの完成をみたのは、11月26日です。

そして、そのパネルを但馬弘宗務総長にみてもらったのです。

はずされた3枚のパネル

11月28日、山内さんから電話を受けました。その声がいつもと違っていて、何かを感じました。「何かあったのですか」とわたしがいうと、彼女は「大変なことがおこりました。源さんに対して申し訳ないです」というのです。「何をいわれても驚きませんから、いってください」といったのですが、それは、ショックな内容でした。

わたしたちがつくったパネルの3枚がはずされたというのです。すでに結果が出ていて、相談ではありませんでした。総長判断によって3枚のパネルがはずされたのです。「本部」は総長とかけあったが、苦渋の選択を迫られ、総長判断を受け入れたとのことです。

はずされた3枚のパネルは、「「女人五障」の教え」と「「変成男子」の思想」と「罪深い存在とみなされた女性」です。3枚とも浄土真宗に関係するものばかりです。浄土真宗の所依《しょえ》の経典（『無量寿経』）、『浄土論』、親鸞の『和讃』、蓮如の『御文《おふみ》』（前述の2と3と5）がはずされたのです。

電話で聞きながら、あまりのショックにことばを失ってしまいましたが、わたしは開催日が迫っているのに、どうするべきかしか考えられず、腹が立つとか情けない感情はまったく生じませんでした。開催日である12月6日に間に合わせるために「何とかしなければならない。どうしたらよいのか」を考えるだけでした。

すぐに浮かんだのは、歴史の古いものから順番にしていましたが、逆にすることを思いつき、現代の問題を先にもってくること、さらに、大谷派のなかの出来事で、総長の意に反しないものを載せることを考えてもらうことにしました。

電話を切った後、何も手につかず、何がおこっているのかを整理しようと思いましたが、どう考えてよいのかわかりませんでした。

しばらくしてすごく腹が立ってきました。ここまで一生懸命仕上げてきたものを、それも肝心なパネルを没にされたことに対して腹が立ってきたのです。腹が立つけれども、もう何もすることができないとわかるので、よけいに腹が立ち、悔しさがこみ上げてきました。何もできないわたしは落ち込んでしまいました。

この日以降、はずされた3枚のパネルのことが頭を離れなくなりました。

経過説明を受ける

何日か経ち、「本部」から直接謝りたいので、会いたいという連絡があり、会う日を12月3日に決めました。

いっしょにつくった山内小夜子さんと「本部」の男性に会ったそうそうに、二人から謝られましたが、「本部」の責任とは考えられないし、ましていっしょにつくった山内さんはわたしと同じ気持ちだろうと思うので、謝ってもらう必要はないと伝えました。それよりもこういう結論に至った経過が聞きたかったです。テープレコーダーをもって行かなかったので、必死にノートに書き込みました。

経緯は、11月26日、すべてのパネルを総長のところへもって行ったところ、総長は「このギャラリー展の主旨はわかるが、すべてのパネルを延期できないか。いろいろな人の意見があるので」といったそうです。これまでの「本部」の取り組みを話したら、総長は「一日預かりにしてほしい」ということで、その日は終わったとのことです。

11月27日、総長は、「企画の趣旨には賛同するし、『観無量寿経』の旃陀羅《せんだら》の問題にも賛同する。第1章、第2章、第3章については、そのままでいい。問題は第4章である」といい、総長判断で、「経典に表された女性差別」の3枚のパネルをはずすことに決定したとのことです。その理由は、宗門として取り組むまでに至っていない、宗門としての見解がない、筋道が立っていない、女性差別として断言してはならない、との理由が並べられたといいます。「本部」としてやってきたこと、機関紙には発表してきたこと、女性室ができ、課題としてきたことなどを反論したけれども、聞き入れてもらえなかった、というのです。

「旃陀羅の問題」と「女性室」については、説明が必要でしょう。

『観無量寿経』に出てくる「旃陀羅」は、インドの被差別民の「チャンダーラ」をいいます。その問題点とは、浄土真宗の教団内で、「旃陀羅」を「エタ・非人のようなもの」にたとえて布教したことをいいます。

また、「女性室」については、そもそも大谷派が人権週間ギャラリー展で「経典に表された女性差別」を企画できるには、女性差別問題をやってきた歴史があるからです。大谷派の内部の問題として坊守《ぼうもり》問題がありました。坊守とは、住職の妻であり、その立場が明確にされておらず、住職と坊守の関係は性別役割分業が明らかであり、「男女両性で形づくる教団」として課題となっていました。1992年には、女性住職の就任が認められました。

こうした動きの背景には、1986年に発足した「真宗大谷派における女性差別を考えるおんなたちの会（以下「おんなたちの会」）」の運動を見逃すことはできません。1996年には女性室が開設され、女性会議をおこない、全国からの声や意見を聞いていく場であり、公開講座を開き、機関誌も発行しています。「両性で形づくる教団」をめざす運動は他のどの宗派よりも先んじていたし、実際の動きがありました。だから、人権週間ギャラリー展で「経典に表された女性差別」が企画できたのです。

話を元に戻しましょう。総長は、今のままでいいとはいわないし、今後の課題であるというのです。現段階でのパネル展は、逆効果であるとも発言したそうです。総長は、教団内では女性差別問題の取り組みができていないといいますが、実際にはおこなってきました。外部にいるわたしでも知っています。

ただ、総長の問題点は明らかです。「総長」という立場だからこそ、『無量寿経』、親鸞の『和讃』、蓮如の『御文』の女性差別と考えられる言説を「女性差別である」と断言したくないのです。つまり、教団内の僧侶、寺に住む人、門信徒などの多くの人が理解できないと判断したのだと思います。

このときわたしは、「なぜ、こんなことがわたしの身の上におこるの？　どうしてわたしがこんなことをされなければならないの？」という気持ちで落ち込んでいただけでした。

本部長からの謝罪

10月半ば、大谷派からの仕事の依頼がありました。このときは教学研究所からで、日曜講演の講師の依頼でした。わたしにとって、大谷派からの仕事が年2回もあるなんて、すごいことです。担当者と講演のタイトルを「自分らしい終末や葬儀の生前準備―「生老病死」を考える」に決めました。このタイトルと同じ本を２０１７年、あけび書房から出版していました。これは、出版発行日のちょうど一年前につれあいを亡くし、喪失感で落ち込んでいたときに、そこから立ち直るために書いた本です。ジェンダーの視点はもちろんですが、親鸞の視点から葬儀、お墓、遺骨などの問題提起をおこなったのです。とくに親鸞の思想から、つれあいの遺骨を拾わなかったことは、あたりまえになされている収骨について、多くの人が意外と感じた問題です。

その本の内容を話すことを受け入れるのも、さすがに大谷派だと思いました。収骨をしない、葬儀をしない、お墓をもたないなどは寺院にとっては困ることです。そういう内容を話すことを許容できるのが、大谷派だと理解したのです。

日曜講演は、12月16日です。講演の後、「本部」の草野龍子本部長と会うことになっていました。彼女の目的は、今回のギャラリー展の謝罪でした。

「はじめまして」と挨拶するわたしに、「わたしは初めてではないのですよ。今年の夏、高野山の講座を聞きに行ったんですよ。よくわかる話でした」といわれたので、わたしは、彼女は女性差別問題がわかる人だと思いました。高野山の講座は、部落解放・人権研究所主催で、わたしのテーマは「女性差別問題入門」でした。

本部長はわたしに謝罪しましたが、わたしは、今回の問題は「本部」の責任とは思っていないので、謝罪は違うと答えました。それよりも、総長に会いたいと思っていたので、「総長に会わせてください」とお願いしました。わたしのなかで総長に会って何をいうのかが決まっていたわけではないのですが、責任者である総長がわたしに会わないのはおかしいと思っていたからです。

草野本部長は、「2月14日のシンポジウムのときに会えます」と答えたのです。わたしはシンポジウムのパネリストの要請を受けていました。それまでは会わせてもらえないことがわかりました。つまり、総長はわたしに会わないと決めているということです。「おかしい。無視されている」と思いました。

そのことがわかっても、わたしは何をしてよいのかわからないままでした。総長には会えない、シンポジウムで会っても仕方がないという気持ちしかおこらず、わたしは何も手につかないままでした。

友人からの助言

2016年5月から『歎異抄《たんにしょう》』を読む読書会を始めていました。10人くらいの仲間が集まっている会です。『歎異抄』が終わり、『正信偈《しょうしんげ》』（親鸞が著した『教行信証《きょうぎょうしんしょう》』のなかにある偈で、浄土真宗では、儀式に読誦する）を読んでいた12月26日の読書会で、すでにできあがっていたギャラリー展のチラシをみなさんに配布しました。「東本願寺ってすごいね、お西は無理だわ」という西本願寺の女性住職の和田幸子さん。「2月14日のシンポジウムには行くわ」と何人かがいってくれました。

感心してくれる仲間を前に、わたしはこの間におこったことをいえる場だと思っていたので、ことの顛末を話しました。わたしは「グチ」として聞いてもらったのです。一同がみな驚き、「このチラシからはそんなことはまったくみえない」「すばらしさしか伝わらない」といってくれたのです。

しばらくして、読書会のメンバーである友人の西浜楢和さんが発言したのです。

西浜「源さん、このままでいいのですか。このままで何もしなかったら、東本願寺の内部だけの問題で終わってしまうけど、それでいいのですか」

源「このままでいいとはまったく思っていないけど、何をどうしたらいいのか、今のわたしにはわからない。総長に会いたいと頼んだけど、総長はシンポジウムの日に会うといっているし…」

西浜「総長が会うはずがないでしょう。でも、総長から会ってくれる方法がある。総長から源さんに声をかける方法がある」

源「そんなことがあるのですか。それはどんな方法ですか」

西浜「マスコミに知らせることです。シンポジウムにマスコミに取材に来てもらうことです。マスコミに知らせることは、内部のことを公にすることです。今回のことを源さんが公にすると総長にわかれば、総長から源さんに会いたいといってくると思う」

西浜さんの発言の内容を考えたこともなかったし、シンポジウムの内容などまだ何も考えていなかったわたしは驚きました。しかし、西浜さんのいうことは理解できました。公にしなければいけないことも理解できました。

もつべきものは、仲間です。

年末年始、わたしが考えたのは、一点のみ。マスコミに知らせる前に、総長へ知らせる文章をつくらなければならないということでした。このときには、まだ「抗議文」であることを意識していませんでした。

1月6日、親しい友人に相談し、「源さんが闘うことに協力する」と、力強い返事をもらいました。

西浜さんからのアドバイスは、「シンポジウムでこの間の経緯を話すことをマスコミに取材してもらうこと。このことをいっしょにパネルをつくった「本部」の山内さんと近藤さんに知らせること」でした。もしかして、「本部」に在席する二人が公にすることに反対するかもしれないからと心配してくれたのです。

このとき、わたしは総長に知らせる内容は、「抗議文」であることをはっきりと自覚しました。前述した2016年4月6日、日本相撲協会の巡業での「舞鶴場所」事件では、その日のうちに「抗議文」（たたき台）をつくり、「女人禁制」の「大峰山」の開放運動をしている仲間に送りました。

総長からの決定を受けたとき、すぐに「抗議文」を送ることを思いつかなかったのはなぜだったかの理由がわかるのは、もう少し時間が経ってからです。

「抗議文」の作成

２０１９年1月8日、山内さんと近藤さんに「抗議文」のことを話し、了解を得るために会う日を1月25日に決めました。


わたしは毎日のようにパソコンに向かい、「抗議文」をつくっては修正を重ねていきました。

1月23日の読書会が終わって、仲間に「抗議文」を修正してもらいました。信頼できる仲間に何でも話ができ、わたしは力をもらうことができました。

「抗議文」を作成しながら、マスコミに連絡したいのに、マスコミの知り合いがいないことに気づきました。「女人禁制」の問題で少し知り合いができましたが、宗教がわかってもらえないと今回はむずかしいと思いました。

この問題にも、友人のありがたさを感じたのです。毎日新聞、京都新聞、共同通信の記者を紹介してくれたのです。朝日新聞は奈良支局の記者と知り合っていたので、紹介してもらうことになりました。業界紙は、佛教タイムスを知っていたので、直接わたしが連絡しようと考えました。中外日報は、「女人禁制」で知り合った人に、大谷派担当の記者を紹介してもらいました。

1月25日、山内さんと近藤さんに会い、「抗議文」を読んでもらい、二人ともわたしが声を挙げることに賛成してくれました。わたしはほんとうにうれしく思いました。

そして、二人に「抗議文」の内容について確認したいことを訊ね、総長の送り先を聞きました。このとき、山内さんが、「草野本部長にも送ってほしい」といったのは、意外でした。草野本部長は、総長側につき、何も闘ってくれなかったそうです。わたしは、「本部」の代表として総長と渡り合ってくれたと思い込んでいました。「抗議文」を草野本部長にも送ってほしいといわれ、彼女たちの怒りが伝わってきました。わたしは、「わたしができることをやろう」と強く心に決めました。

1月27日、「抗議文」を仕上げました。

「抗議文」（本文のみ。日付、署名などは省略）は次頁の通りです。

真宗大谷派宗務総長　但馬　弘様

今回のギャラリー展におけるパネル取り消しについて抗議します！

２０１８年12月6日より「人権週間ギャラリー展　経典のなかで語られた差別「是旃陀羅」問題と被差別民衆の闘い」が開催されています。わたしは、展示の監修並びにシンポジウムのパネリストとして要請を受け、その主旨に賛同し、快諾しました。解放運動推進本部のみなさまと第４部「経典に表された女性差別」を担当、パネル作成に心を込めて取り組みました。出来上がったパネルは真宗大谷派の姿勢として推奨したいと思いました。

ところが、２０１８年11月28日、本部からの電話で、総長のご判断により、作成した7枚のパネルのうち3枚を削除することが決定したとの連絡を受けました。非常に驚きもし、怒りさえ覚えました。しかし、開催の日が近づいており、新しくパネルを作成しなければならないと焦りました。

ここに至る経緯については、総長ご自身が一番ご存知なので、ここでは省略します。

それ以後、わたしはショックと怒りのなかで、悶々とする日々が続きました。そして、総長のお考えをどう判断すべきかを考えました。

経典、親鸞の文言を開示しないことは、ないものとすることです。それは、経典や親鸞のことばがないという認識をさらけ出すことです。セクハラでつかまった人がセクハラを知らなかったというのと同じです。

経典に載っていようが、親鸞が書いていようが、仏教、経典、親鸞を全否定するものではけっしてありません。経典作成者も親鸞もその時代の制約を受けた人間です。その文言を開示しないことのほうが、真実を隠すことになります。むしろ、親鸞が生きた道は、生きる限り人間の煩悩性、罪障性に苦しみ、「いしかはらつぶてのごとくなるわれら」とともに歩んだからこそ、主著『顕《けん》浄《じょう》土《ど》真實《しんじつ》教《きょう》行《ぎょう》証《しょう》文類《もんるい》』を著し、親鸞の道を示したのではないのでしょうか。それに学ぶものとして、今回のギャラリー展があると、わたしは理解しています。

今回の総長の決断を黙って見過ごすことはけっしてできません。それは、親鸞に学ぶもののひとりとして、また一研究者として許されないことだと判断します。

今回のギャラリー展の経緯を総長に抗議するとともに、このことにかんする一連の経過と結果を公にします。これが、せめてわたしにできることだと思っております。

明くる1月28日、「書留速達」で投函しました。

1月29日、「本部」から電話があり、「抗議文」を受け取ったとの連絡を受けました。但馬総長、草野本部長の二人が確認したとのことです。「抗議文」に総長に会いたい旨を書いていたので、そのことについては、「改めて連絡したい」という事務的な対応でした。

マスコミへの連絡

1月29日から2月5日にかけて、マスコミへの連絡を終えました。マスコミに伝えたわたしの気持ちは、一行でもよいから今回のことを書いてほしいということでした。今回、総長がわたしたちにおこなったことを公にすることは、マスコミに書いてもらわねばならなかったのです。一社でもいい、一行でもいいから書いてほしいという思いが、わたしの本音でした。

わたしが連絡したマスコミ各社は、共同通信、朝日新聞、佛教タイムス、中外日報、毎日新聞、京都新聞の順であり、どのマスコミも応じてくれました。

マスコミの対応でわかったことは、業界紙はさすがに説明がいらず、東本願寺についても仏教の女性差別についても理解してもらえたのです。困惑したのは、一般紙です。東本願寺はわかっても、宗務総長はわからない。まして、「女人五障」「変成男子」はまったくわからず、説明するために直接会った記者もいるほどです。「女人五障」や「変成男子」を説明することがどれだけ大変かがよくわかりました。それだけ一般的に使わないことばなのです。

しかし、ジェンダーに関心がある記者の取り組みは前向きでした。「女人五障」「変成男子」の意味や今回の問題について理解した記者の呆れた顔や声を忘れません。

そういう仏教の女性差別の思想が根底にあり、罪深い存在とされた女性差別が日本の「執拗《しつよう》低音《ていおん》」として仏教者が説いてきたのです。東西本願寺が全国に約2万か寺、その門信徒の数を計算したら…。そして、仏教は浄土真宗だけではありません。最初に記した宗派に加え、浄土宗、臨済宗、曹洞宗、日蓮宗などの鎌倉仏教、天台宗、真言宗などが加わって、相当数の寺院数と檀信徒数になります。そのなかで布教された内容が「女人五障」「変成男子」「罪深い存在」「穢れた存在」とされた女性は、自らの意識や生き方をどのように形成してきたかは想像に難くありません。この問題は後述します。

レジュメの作成

シンポジウムのレジュメを1週間前には仕上げる予定でつくり始め、次のレジュメができ上がりました。

人権週間ギャラリー展シンポジウム
「経典に表された女性差別」から
「残された課題―日本文化の中の女性差別」へ

２０１９年2月14日　源　淳子

問題提起

・タイトルが変更になった理由とは
・はずされたパネルの意味とは
・教団は「経典に表された女性差別」とどう向き合うのか
・わたしは女性差別とどのように向き合うのか

（1）パネル7枚のうち3枚が消された経緯

●２０１８年9月28日
ギャラリー展監修者として正式依頼状を受ける
第1回の企画会議が10月5日に決定

●10月5日
企画会議
●10月15日～11月23日
パネルづくり（3回東本願寺へ）、あとはメールで連絡
●11月28日
解放運動推進本部（以下「本部」）から電話
但馬弘総長の判断によって女性差別のパネル3枚がはずされたとの報告
3枚のパネル
・「女人五障《にょにんごしょう》」の教え（『大般涅槃経』、『大智度論』、『浄土論』）（資料①）
・「変成男子《へんじょうなんし》」の思想（『仏説無量寿経』、『浄土和讃』大経意、『妙法蓮華経』）（資料②）
・罪深い存在とみなされた女性（『女人往生聞書』『御文』『親鸞聖人正明伝』）（資料③）
●11月29日より
新しい3枚のパネルの作成
・東京医科大学入試女子減点のニュース、ジェンダーギャップ指数（資料④）
・近・現代における性別役割分業―大谷派を中心に（資料⑤）
・女性室の取り組みから「すごろく」、LGBTへの宗派からの要望書（資料⑥）
●12月3日

「本部」から二人が謝罪。謝罪はおかしいと思い、ここに至った経過を聞く
結論として、総長の判断は、企画の趣旨には賛同
2月14日のシンポジウムもOK
総長の「経典に表れた女性差別」の3枚をはずすことについての理由
・宗門として取り組み自体がおこなわれていない
・宗門としての見解がない
・筋道が立っていない
・女性差別として断言してはならない
・宗派として今後の課題としたい

●12月18日
参務である草野龍子さんから謝罪を受けるが、受ける筋が違うと答える。総長に会わせてほしいことをお願いしたら、2月14日のシンポジウムの日に会えるという返事

●2019年1月25日
「本部」のパネル作成者の二人と会い、これから源がすることを話す

●1月28日
総長宛の「抗議文」と今回の「事件」を公にすることを報告

「抗議文」を但馬弘総長と草野龍子本部長に郵送
・今回のギャラリー展に監修者として「本部」といっしょに作成したパネルは真宗大谷派のすばらしさであるから推奨したいこと
・はずされた3枚のパネルの女性差別に対するわたしの考え
・ギャラリー展の解説の説明（パンフレット11頁『真宗』１９９６年5月号）と実際のパネルとの乖離
・核心的な内容の3枚をはずされたことへの抗議
・対話の機会をもってほしいこと
・今回の一連の「事件」を公にすること

●1月29日
「本部」から「抗議文」を受け取ったとの電話

●2月1日
「本部」から総長が会いたいので、日程調整をしてほしいとの電話
来週中という日程なので、わたしに会う時間がないし、教団としてのことにもなる問題だし、いっしょにパネルをつくった人も同席してもらいたいから、シンポジウムが終わってからにしてほしいと伝える

(2) 消された3枚のパネルの意味

・「女人五障」の教え（『大般涅槃経』、『大智度論』、『浄土論』）
・「変成男子」の思想（『仏説無量寿経』、『浄土和讃』大経意、『妙法蓮華経』）
・罪深い存在とみなされた女性（『女人往生聞書』『御文』『親鸞聖人正明伝』）

女人五障―女性は五つのものになれないという考え、その五つは梵天王、帝釈天、魔王、転輪聖王《てんりんじょうおう》、仏をいう

変成男子―「女人五障」を解消する意味があると思われるが、女性は一度男性（男身）になって成仏するという考え

罪深い存在とみなされた女性―檀家制度下で女性が罪深いと説かれてきた。その内容は、「業論《ごうろん》」として前世・現世・来世の因果論として説かれた。親鸞が自らを「罪《ざい》悪生死《あくしょうじ》の凡夫《ぼんぷ》」と捉えたが、親鸞の「罪悪生死」とは異なる罪深い存在とした。それは、女性のみではなく、被差別部落民、ハンセン病者、障がい者などが対象となった

以上3枚のパネルは、今回の「経典に表れた女性差別」の核心、根幹の意味をもつ

（3）はずすことの意味

・はずすこと、取り消すこと、表に出さないことは、「ないものとすること」である

・差別・人権の問題が我がことになることの困難さ

「伝統・文化・宗教」の問題はさらに我がことになるのを困難にする

「伝統・文化・宗教」における女性差別の問題として

A. 我がことにならない場合

無関心、「伝統・文化」とする、宗教にはかかわりたくない、宗教はわからない

など

B. 我がことになった場合

←

Ⅰ. 何かのときに発信しようとする→公にする

抗議する、公開質問状を送る

直談判をする

裁判をする　など

Ⅱ. 立場として我がことになった場合

←

a．何かの方法で伝える
抗議する
b．伝統・文化であると回答する
女性差別といってはならないとする
ないものとする
女性差別ではないという発言
女性を不浄なんて思ってもいないと公言する
今後考えていきたい、取り組んでいきたい　など

（4）今後の課題

・はずされた3枚のパネルをどうするのか
・浄土真宗に関係する経典・親鸞・蓮如等の文言をどうするのか
↓
女性差別の問題とどう向き合うのか
人権・差別の問題を我がこととするには、どうしたらよいのか

実際に作成していたパネル（資料①から⑥）も添付して、合計9枚のレジュメになりました。

総長から会いたいという連絡

2月1日17時30分頃、「本部」から電話がありました。「総長が会いたいので、日程調整をしたい。来週はどうでしょう。源さんのお宅の近くまででも伺います」という内容でした。これが、西浜楢和さんがいっていた「総長から会いたい、といってくる」ということだと理解しました。

わたしの家の近くまで、総長が出向くなんて考えられません。この場に及んでわたしに何がいいたいのか、一つしかないと想像しました。「公にすることはやめてほしい」ということでしょう。公にすることを決めているので、会ってもよいと判断し、手帳を開きました。「1時間やそこらでは無理ですね」といいながら、日程をみると、2時間ぐらいの時間をとることができないのです。

「シンポジウムが終わってから、ゆっくり会ってほしい」旨を伝えました。

翌日、山内さんに電話をして、昨夕「本部」から総長が会いたいといってきたことを伝えました。

その電話で、山内さんは、総長から呼び出しがあったというのです。山内さんは、以前から話し合っていた三者（総長、山内さんと近藤さんを含めて「本部」の関係者、源）のつながりがもてる会をつくるよう要望したということです。

2月6日、「本部」から電話があり、シンポジウム当日の予定を知らされました。打ち合わせをしているところに総長が挨拶に来ることを了解しました。

シンポジウムのタイムスケジュールを知って驚きました。

13：30　開場
14：00　開会行事
14：10　発題パネリスト3名　各15分ほど
15：00　休憩
15：10　パネルディスカッション
16：10　質疑応答（休憩中に回収した質問用紙で）
16：30　閉会行事

パネリストの発題が15分間です。2時間半のシンポジウムで基調講演もないのに、パネリストの最初の発言が15分はあまりにも少ないです。わたしは覚悟を決め、15分で経過報告をしようと。時間があるパネルディスカッションで、残りのレジュメに書いていることを説明すればよいと考えました。

しばらくして、打ち合わせは11時に決まりました。

後はシンポジウムの日を待つだけです。

仲間のありがたさ

シンポジウムを聞きに行くといってくれた友人のありがたさをしみじみ思います。最初から行くつもりにしていた友人や仲間ですが、今回はわたしから「来てほしい」とお願いしました。こんな弱気になるわたしではないのに、想像できないほど情けない自分でした。「ひとりで闘う」覚悟はしていました。「闘う」気持ちにウソ偽りはないのですが、なぜか弱気になっているのです。怖いものがあるはずもなく、怒りは頂点に達しているのに、弱気の理由がなぜかまだわかりませんでした。

そして、シンポジウム前にわかったことがあります。フェミニストの研究者として書いてきたし、それなりに運動をしながら闘ってきたと思っていました。書くことはひとりでしかできないので、その闘いはひとりですが、他の運動は必ず仲間がいました。しかし、直接的で個人的な被害の当事者になったのは、今回が初めてだと気づきました。フェミニストになる前は、セクハラやパワハラを受けたことがありました。嫌な思いをしながら、反論することばがないので、黙って我慢するしかありませんでした。しかし、フェミニストになってから、書いたものを無視されたことはあっても、直接被害者にはなっていませんでした。

直接被害者になることは、こういうことなんだと気がついたのです。すぐに総長に「抗議文が出せなかったこと」「闘いを挑もうと思わなかったこと」など、弱気になる自分と向き合って、初めてわかったのです。最初は、東本願寺の総長が相手だからと勘違いをしていました。どんな相手であれ、直接的で個人的な被害者になることは、すぐに闘う気持ちなど出てこないことがわかりました。

その弱気な気持ちを克服していくことがむずかしいこともわかりました。だから、仲間に「シンポジウムに来てほしい」とお願いしたのです。いつものわたしは、知り合いに来てもらうことは恥ずかしいので嫌なはずですが、今回は、仲間の参加をわたしが必要としたのです。いろいろな被害に遭う人の気持ちが少しだけわかりました。

ほんとうに来てくれた仲間を、心からありがたいと思い、会場で姿をみつけたとき、「がんばろう」と思いました。

シンポジウム

11時の打ち合わせに間に合うように家を出て、ギャラリー展を観ていこうと考えていました。それまでギャラリー展を観る機会がなかったわけではないのですが、観たい気持ちがおこらず、延ばし延ばしにしていました。一度は観なければならず、当日に決めました。かっこよく並べられていますが、腹が立ってきました。これだけ観たら、東本願寺はほんとうにすばらしいとなります。パネルが差し替えられたことは、このギャラリー展ではまったくみえてきません。

11時前に打ち合わせの部屋に着き、会場をみせてもらって、議場であることを聞き、その高級感に納得しました。用意したレジュメを出し、印刷をお願いしました。一瞬緊張が走ったのは、11時半頃、総長がドアを開けたときです。緊張感は、わたしだけかもしれません。総長と会うのは、初めてです。ここでは何もいうことがないので、決まり切った挨拶をしただけです。写真でみたことがある総長の声を聞くのは、初めてでした。

パネリストの紹介があり、いよいよ15分の発題が始まります。

鶴見晃さん、小森恵さんと終わり、いよいよわたしの番です。マイクをもつ手が震え、声も震えていることに気づきました。緊張してのどが渇いています。

会場の人数が多いことに驚きました。レジュメは50部でよいといわれていたのですが、100名を超える参加者があり、会場がいっぱいです。わたしが頼んで参加してもらったのは6人なのに、どうしてこんなに多いのだろうと思いながら始めました。15分はあっという間です。経過報告で終わりました。

パネルディスカッションに移り、司会がわたしにふってくれたので、レジュメの続きを説明していきました。

没にされた3枚のパネルを会場の人は初めてみることになりました。

2時間半のシンポジウムは終わりました。休憩と終了後に駆け寄ってきた友人、記者と対応することになり、すぐに控え室に戻ることはできませんでした。

草野本部長から謝礼をいただくことになり、控え室へ戻りました。本部長の態度はよそよそしいと感じましたが、「あなたへも「抗議文」を送ったのだから」と内心思いながら、お礼を受け取りました。

シンポジウムが終わって兵庫県から駆けつけてくれた友人は遠いので、いっしょに晩ご飯を囲むことはできませんでしたが、奈良や大阪の友人たちとご飯を食べることになり、京都駅近くの居酒屋へ入りました。緊張感でのども渇いていましたが、仲間が快くねぎらってくれるビールはほんとうに美味しかったです。

マスコミの記事

今回の「事件」で、マスコミの対応は予想以上でした。相手が東本願寺の宗務総長という理由が大きいことがわかります。

わたしは、マスコミに連絡したとき、「一行でもいいから書いてほしい」と思っていました。シンポジウムの翌日の新聞に掲載されました。業界紙は少し遅れましたが、朝日新聞、京都新聞、毎日新聞（共同通信の記事として）、佛教タイムス、中外日報、文化寺報が、わたしが想像していた以上の紙面を取り、わたしがいいたいことを書いてくれました。わたしは、それで満足することはなかったのですが、世のなかに訴えたいことは伝えられたと思いました。

どの記事にも総長のコメントが載りました。総長は、「現段階で宗派として経典における女性差別に関して正式な見解が出ていない状況において、参拝接待所ギャラリーにおいて展示することを差し控えさせていただきました」というものでした。「正式な見解が出ていない」という理由は、わたしには納得がいきません。それは、次の「公開質問状」へつながっていきます。

シンポジウムで公にしたものの、わたしの落ち込んだ気持ちはすぐには回復できませんでした。「抗議文」を出し、公にし、マスコミが書いてくれただけでは、わたしは前向きになれなかったのです。それよりも、疲れがドッと出て、起伏の激しい毎日を送ることになりました。こういう気持ちはなかなか仲間にもいえず、どうしたらよいかわかりませんでした。

次に進むことができる一本の電話が鳴ったのは、2月18日でした。

「公開質問状」

「本部」からの電話は、総長と「本部」関係者とわたしとの三者懇談会の主旨を確認するためでした。わたしの気持ちがおさまらず、前向きになれないのは、総長の考えをきちんと聞いていないからです。総長と向き合ってわたしが総長に聞かなければならないことがあるはずだと思っていました。「抗議文」でわたしの思いは伝えましたが、総長の考えは新聞に載ったコメントだけです。三者懇談会で、わたしは総長へ「質問」をする内容を考え始めました。

これまで、日本相撲協会にも「大峰山」関係者にもしてきたことですが、わたし個人が聞いてもダメだと思い、「公開質問状」にすることに決めました。

公開とするからには、できるだけ多くの人から意見を聞き、文面を整理しようと思いました。シンポジウムに参加してもらった仲間にたたき台を送りました。

ここでも親身になって「質問」の内容を吟味してくれたのが、仲間だったことはいうまでもありません。

「公開質問状」(「抗議文」同様、本文のみ)は、次のようにできあがりました。

真宗大谷派宗務総長　但馬 弘様

2019年3月15日

源 淳子

2018年度のギャラリー展についての公開質問状

2月14日の「人権週間ギャラリー展シンポジウム」を開催していただき、ありがとうございました。わたしは、シンポジウム後、多くの人の質問を受けました。また、励ましもいただきました。わたしにとって辛いシンポジウムでしたが、これまでの経過を公にし、多くの人に知ってもらったことは、今後の教団、ひいては仏教界にとってよかったと思っております。

その後、解放運動推進本部からは、約束の三者懇談会を計画していただき、3月15日に実現することになりました。

つきましては、下記の質問をいたしますので、4月15日までにご回答をお願いいいたします。回答書については有縁のみなさまに公開し、女性差別のない教団、仏教界、さらには差別のない社会の実現のために活用させていただきます。

質　問

（1）2月14日のシンポジウム後、宗務総長はマスコミの取材を受けられ、公のコメントを出されました。「現段階で宗派として経典における女性差別に関して正式な見解が出ていない状況において、参拝接待所ギャラリーにおいて展示することを差し控えさせていただきました」という内容でした。

今でも、その内容に間違いはありませんか。

（2）（1）の見解のままでしたら、「パンフレット」11頁の1996年5月号『真宗』に教団として取り組んできたことが記載されていることをどのように説明されるのでしょうか。

（3）（1）の見解のままでしたら、経典における女性に対する表現は、女性差別とは違うのだと受け取られます。それでは、経典の表現は、現代社会の女性差別の見解とはどのような違いがあるとお考えでしょうか。

（4）今回、パネルをはずされたことは、旃陀羅問題と女性問題が、人を差別するという同じ根から芽生えていると認識されているのか、あるいは、旃陀羅問題と女性問題は次元の違うものと認識されているのか、わたしたちは戸惑いますが、どのような見解をおもちでしょうか。

以上です。
どうぞよろしくお願いいたします。

返信用の封筒を用意して、3月15日の三者懇談会で直接渡すことを決めました。返信の締め切りを4月15日にしたのですが、はたして戻ってくるのか不安はありますが、待つしかありません。

三者懇談会

三者懇談会の主旨は、わたしと総長だけで会うのをよしとしないと考えていたからです。

3月1日、「本部」からの電話は、三者懇談会の日程の知らせでした。3月15日15時30分から宗務所でということです。

3月15日、三者懇談会のために宗務所へ向かいました。わたしの目的は3つ。「公開質問状」を渡すこと、わたしが個人的に聞きたい質問を一つだけすること、今のわたしの気持ちを伝えることです。わたしの気持ちは、被害者としての気持ちだから少し大変なことですが、あとはそんなにたいしたことはないし、カリカリした場にしたくないので、ケーキをもって行くことにしました。

ケーキといえば、いつもお世話になっている友人の手づくりです。「大峰山」関係者へ聞き取りをするときも、また読書会でも毎回つくってくれて、みんな楽しみに待っています。「大峰山」では、聞き取りをする前に食べた人がいて、「ほんまに美味しかった」と相好を崩し、和やかな聞き取りになったこともあります。

忙しい友人ですが、事情をわかってくれ、すぐにOKしてもらい、ケーキの選定までしてくれました。ケーキはその場を和ませてくれます。わたしは、今回の「事件」をきっかけとして、大谷派の教団内の女性差別が解消へ向かうことを願っています。大谷派の女性たちはこれまでがんばってきましたが、それでもまだまだ教団内の女性差別は明らかです。

総長の入室時には一瞬緊張感が走りました。わたしも思わず緊張しました。出席者は、但馬総長、草野本部長、「本部」から2人と山内さん、近藤さんとわたしの7人です。一通りの挨拶が終わると、わたしはケーキを差し出し、つくった人の気持ちを伝えました。取り皿を用意してもらい、お茶が出ました。「本部」からの発言があり、わたしは総長に「公開質問状」を渡しました。

「これは、わたしがたたき台をつくりましたが、シンポジウムに参加した仲間で作成したものです。今日はこれを渡すこととわたしから個人的な質問がしたいこととわたしの今の気持ちを聞いてもらう場にしたいです。あとは、内部の人たちが今後の女性差別解消のために何をしたらよいかを総長に提言してもらえばよいと思います」と伝えました。

総長は、「公開質問状」を開きながら、目を通していましたが、わたしは個人的な質問をしました。それは、「親鸞の教えに長年携わってきたなかで、親鸞の魅力を端的にどのように感じておられるのか」という質問です。現在のわたしの気持ちは、「被害者」となったことで、立ち直ることがなかなかむずかしい状態も説明しました。

総長の説明は、結論に達するまでずいぶん長かったのですが、親鸞の魅力は「愚者になりて」ということだそうです。和気あいあいとしたなかで、「本部」の人もそれぞれが発言して、1時間半ぐらいで終わりました。

「公開質問状」への回答

4月14日、「本部」から「「公開質問状」への回答が明日の締め切りになっていますが、「本部」と相談していて、少し遅れるので了解してほしい」と連絡がありました。「総長宛に送付したのに、総長ひとりでは書けないのだな」とわたしは思いながら、「返してもらえるなら、少々遅れてもかまいません」と返事をしました。「「日本相撲協会」とか「大峰山」関係者へ送った「公開質問状」も必ず返ってきましたから」とつけ加えました。

それにしても3月15日に渡して1か月も経っているのに、ギリギリになってあわてているのだと思いました。4〜5日前からポストを気にし、ポストを開けるときの緊張感がありましたが、その「心配」がなくなりました。

4月26日、遅く帰宅したら、ポストに総長からの返信が速達で届いていました。これまでの経験で、「日本相撲協会」「大峰山」関係者の回答を開封しては憤りを感じていたので、その夜は開封することを辞めました。その夜は、新しい人との出逢いがあり、ビールをいっしょに飲み、気持ちよく帰宅したので、その思いを消すことがためらわれたのです。こういうとき、ひとりは辛いし寂しいものです。

再度、3月15日付の「公開質問状」の質問のみを挙げて、総長からの4月24日付の回答を記します。

質　問

（1）2月14日のシンポジウム後、宗務総長はマスコミの取材を受けられ、公のコメントを出されました。「現段階で宗派として経典における女性差別に関して正式な見解が出ていない状況において、参拝接待所ギャラリーにおいて展示することを差し控えさせていただきました」という内容でした。今でも、その内容に間違いはありませんか。

（2）（1）の見解のままでしたら、「パンフレット」11頁の1996年5月号『真宗』に教団として取り組んできたことが記載されていることをどのように説明されるのでしょうか。

（3）（1）の見解のままでしたら、経典における女性に対する表現は、女性差別とは違うのだと受け取られます。それでは、経典の表現は、現代社会の女性差別の見解とはどのような違いがあるとお考えでしょうか。

（4）今回、パネルをはずされたことは、旃陀羅問題と女性問題が、人を差別するという同じ根から芽生えていると認識されているのか、あるいは、旃陀羅問題と女性問題は次元の違うものと認識されているのか、わたしたちは戸惑いますが、どのような見解をおもちでしょうか。

・・・・・・・・・・・・・

世界人権問題研究センター嘱託研究員　源　淳子様

２０１９年4月24日

真宗大谷派宗務総長　但馬　弘

3月15日付の公開質問状に対する回答

源さんから問いかけをいただき、去る3月15日での懇談によって様々な意見を交わすことができましたことは、私にとりましても宗門に取り組むべき諸課題を考えていくうえで貴重な場となりました。

そこで、その際に受け取りました「公開質問状」に対し、下記のとおりお答えします。

記

質問内容（1）について

2月14日のシンポジウム後にお出ししたコメント内容に関しては、現在における私の見解、受けとめにおいても相違ありません。

もう少し言葉を重ねるならば、このたびの人権週間ギャラリー展の企画段階において、展示項目の一つに「経典に表された女性差別」を取り上げ、準備を進めていただいておりましたが、宗派として教学、文献学、歴史学等の見地による議論が十分深まっていない現段階において、宗派の責任のもとで展示を行うことは、時期尚早であると判断し、一部展示を差し控えさせていただきました。

質問内容（2）について

宗務審議会「女性の宗門活動に関する委員会」答申（『真宗』1996年5月号掲載）に代表されるように、宗門内外からの指摘や要請を受け、1996年に女性室が開設され、「男女両性で形づくる教団」の実現に向けての取り組みを継続している、とのパンフレット掲載内容につきましては、その内容と現在の宗派の取り組みが異なるものではありません。

「経典における女性差別」について、宗派として正式な見解を見い出せるように、教学・教化の課題として今後も継続した研究を進めてまいります。

質問内容（3）について

経典における様々な表現は、根源的には人間救済のために説かれたものであり、「如是我聞」からはじまる一言一句すべてが仏言（金口の説）であると受けとめています。

しかし、経典や宗祖・歴代祖師によるお聖教においても、それぞれ著された時代社会の状況が色濃く反映されており、現代を生きる私たちにとっては受けとめ難い表現があることも事実です。

これまでも、『仏説無量寿経』での第三十五願に対するご意見や見解をいただいております。

宗派女性室では、これまでも「女性の視点からの教学の問い直しの必要性」を重要な課題の一つとして揚げ、「女性会議」等の諸事業の中で取り組みを進めておりますす。今後も、それらの取り組みを宗門内に広く共有してまいります。

質問内容（4）について

源さんからのご質問のとおり、その言葉によって痛みを感じる人がいるという点において、「旃陀羅問題」と「女性問題」は人を差別するという同じ根から芽生えているものだと思います。
人間を救うべき経典の中において、語られる「言葉」に痛みを感じる方がいるということを重く受けとめなければなりません。
この問題については、未だその課題共有や宗派としての教学的見地が十分に見い出されているとは言い難い状況がありますので、あらためて聖教を読み解き、教学を問い直す作業を継続してまいります。

以上

あくる朝、開封して読み、こんな内容なら昨夜開封したらよかったと後悔しました。立場でしかものをいわない優等生の「解答」です。何もしないことをこういうふうにうまく回答するのです。腹も立ちません。

総長とのやりとりが終わりました。

二「大谷派の女性差別を考えるおんなたちの会」シンポジウム

原稿の依頼

シンポジウムが終了してしばらくして、「おんなたちの会」から連絡があり、「ニュースレター」に今回の「事件」を載せたいので原稿を書いてほしいということと、シンポジウムを開催するのでパネリストになってほしいという依頼がありました。たまたま日本女性学研究会からも、新聞記事をみて原稿依頼があったので、似たような原稿になるけれど、書くことに決めました。事実をレジュメに沿って書いたので、早く原稿を送ることができました。

もう一件の依頼だったシンポジウムの日が決まったという連絡を受け、5月29日であり、チラシも送られてきました。タイトルは、「シンポジウム　真宗教団　ダイバシティサミット」というすごい大きなテーマになっており、少し驚きました。どんなタイトルであれ、わたしがいいたいことは、今回の「事件」を知らない人のために経過と公開質問状と総長からの回答を公にすることです。そして、経典や親鸞の著作等について、どう考えていき、何ができるのかという問題提起です。

シンポジウム

会場は京都教務所（東本願寺の北側）であり、18時から始まるので、17時から打ち合わせです。わたしは与えられた30分の間に東本願寺での「事件」の経過と総長への公開質問状とその回答を話すことに集中すればよいのです。あとは、質疑応答と会場の多くの人の発言に耳を傾ければよいと思っていました。

マスコミに連絡していたので、来てもらったのはありがたかったです。書くと約束してもらったので、公開質問状に対する総長の回答は公にしてほしいと思いました。

女性差別問題についての回答は、「大峰山」関係者も日本相撲協会の理事長談話も同様で、「前向きに検討します」という主旨になってしまいます。総長の回答も、「教学・教化の課題として今後も継続して研究を進めてまいります」「今後もそれらの取り組みを宗門内に広く共有してまいります」「あらためて聖教を読み解き、教学を問い直す作業を継続してまいります」と、一見前向きの姿勢表明にみえますが、実は具体的なことは何もいっていませんし、わたしが問うた女性差別であるとは断言していないのです。

シンポジウムでの多くの発言から、参加者が今回の問題に関心があることがわかりました。経典や親鸞の著作などの女性差別の問題を同じ方向で考える人が集まっているので、わたしの考え方に反対する発言はまったくありませんでした。その意味では、「おんなたちの会」そのものがマイノリティであり、会員ではなくてもマイノリティが集まっていることがわかります。

ただ二人からの発言は、考える余地があります。ひとりは、「はずされた3枚のパネルをはずされたままで展示したらよかった」というのです。つまり、3枚は白紙のままで展示するという意味です。もうひとりは、「はずされたことがわかった時点で公にしてほしかった」という予想もしない発言でした。

わたしは、「そのとき精一杯考えられたのは、はずされた3枚に代わる新しいパネルをつくらねばならないという思いでした。公にするなんて発想は微塵もおこりませんでした。被害者のように固まってしまっていました。ショックの大きさに、総長に対する情けなさや怒りなどの感情は当初は出てきませんでした。こういう事態は、まったく予想もできなかったのです」と、いい訳のような発言しかできませんでした。

シンポジウムが終わり、わたしにとっては一つの区切りとなりました。

公開質問状の回答が公になり、新聞記事となりました。今回は、朝日新聞の記者が書いてくれた記事が全国版に載り、遠隔地に住む友人知人から連絡をもらい、エールをもらいました。これまでの闘いは、試行錯誤しながらでしたが、わたしが納得したやり方だったので、よかったと思うことにしました。

その後、教団人として関心をもってくれる人が何人かいることがわかり、「世のなか捨てたものではない」と思いました。大谷派の宗議会（6月5日）の一般質問で担保立子議員が、「この事件はパネルを監修した源淳子さんの抗議と報道がなければ隠されたままであったことを思うとき、その罪《ざい》は看過できない」と発言しました。その発言をうれしく思い、この事件がないことにされなかったのは、よかったと思います。

三　真宗女性のつながり

発起人

２０１９年2月19日、一連の「東本願寺・ギャラリー展における女性差別の問題」が終わって初めて山内さんと電話で話しました。そのとき、わたしは、「真宗は10派があるけど、女性の横のつながりがまったくないので、横のつながりがもてたらいいよね」と、軽い気持ちで話しました。ところが、その話がふたりをその気にさせ、浄土真宗の女性が横のつながりをもつ会をつくろうとなったのです。

大谷派はこれまで女性たちががんばってきた歴史があるので、人材は豊富です。ところが、本願寺派や他の派についてはむずかしい状況です。わたしが知っているのは、読書会に参加している本願寺派の和田幸子さんと高田派の堤順子さんです。その二人からもう少し広がっていくかもしれないと思ったのです。

発起人は山内さんとわたし。それぞれの宗派から少人数出てもらい、「世話人会」（仮称）をつくることから始めることになりました。

4月13日、山内さんと会い、打ち合わせをしました。

まずは、大谷派から山内さんを含め3人。本願寺派からは和田さんにもう一人を誘ってもらい、わたしを含め3人。高田派から堤さん。

日程は7月7日、場所は京都タワーホテル8階の喫茶店。人の往来が多い京都駅近辺にもかかわらず静かな穴場です。

会の名前や目的、具体的にやっていくことなどは、集まったときに決めることにしました。新しいことを始めるときのワクワク感があまり沸いてこないのが、わたしの本音でした。というより、新しいことを始めようと思っていなかったので、しんどさが先に立っていました。わたしは、少しでも仏教界のためにという使命感でやろうとしていたからだと思います。わたしは、あくまでも外部の人。中心になってやってもらうのは、現場の人。これだけは忘れないでおこうと思っていました。

最初の集まり

発起人と誘った人が集まる7月7日、京都タワーホテルの8階へ行くと、ロビーの様子が一変していました。喫茶室もないし、レストランもなくなっているのです。そういえば、長い間京都で集まっていないことに気づきました。全員がそろうのを待って、展望台に近い13階のカフェに行くことになりました。カフェに入るなり、みな、展望のよさに声を挙げました。京都の清水寺から北へかけて一望できるのです。東本願寺が目の前の少し東に見えます。

飲み物がそろったところで、わたしが口火を切りました。自己紹介を兼ねて、この真宗女性の集まりに期待したいこと、つまり、現場で動いている人が中心になってこの会をつくってほしいと話しました。

7人の自己紹介が終わり、意見交換をしました。いろいろな意見が出ましたが、今後の具体的なことにはつながりませんでした。

再度同じメンバーで会をもつことになり、日程が8月27日、京都教務所とすんなり決まりました。

第1回目の会合を終え、次に会うのが楽しみになりました。歴史上、初めてのことをするのです。

2、3、4回目の集まり

真宗女性の2回目の集まりを8月27日、京都教務所でおこないました。出席者は5人。いろいろな話が出るなかで、やはり真宗関係の女性たちの横のつながりをもつことを伝えるためには、イベントをすることが一番となったのです。テーマは、「浄土真宗と女性―わたしにとって第三十五願とは」と大きく打ち出し、内容は、3つの宗派（大谷派、本願寺派、高田派）の違いを提示することになりました。

それを2つに絞り、1つは、「教団内で女性が可能になった時期と現在の男女の割合」として、具体的に得度（僧になること）、教師（住職になる）資格、住職になれた時期、宗議会の女性の議員数を取り上げることになりました。2つめは、「儀式がどのようにおこなわれているのか」として、変成男子の思想を含む『無量寿経』「和讃」、罪深い女性と表される『御文』をどのように読誦しているのかを提示することに決まりました。

主催する会の名前を公にしなければならないので、いろいろ意見交換をして決めた名前は、「浄土真宗十派をつなぐ女性の会（以下、「十派の会」）」。浄土真宗は10派あるので、すべての派がそろうことはむずかしいかもしれませんが、希望はもちたいと思ったのです。日程もすぐに決まり、12月3日14時から16時30分となりました。場所は、いろいろな場所を交代しながらやっていこうと、本願寺派聞法会館としました。最初に思っていた時期よりも早くイベントが決まりました。

3回目、4回目の集まりで、チラシができ、発表者が決まりました。和田さん、堤さん、山内さんが発表者であり、コーディネーターはわたしがすることになりました。

いよいよ集会の当日を迎えるだけになりました。

「浄土真宗十派をつなぐ女性の会」シンポジウム

12月3日、京都は風が冷たく、今にも時雨れそうな寒さでした。わたしは会場の本願寺派聞法会館へ急ぎましたが、昔、龍谷大学の大学院へ通っていたので、懐かしい道でした。

わたしたちは打ち合わせと会場設定を終え、参加者を待つことになりましたが、最初から多くの人が集まることはないと予想していましたので、手持ちぶさたです。開会の14時前になると、受付で順番を待って並んでいる人がいましたので、会場へ椅子を運びました。

40人設定の部屋が、50人を超えました。うれしい悲鳴をあげながら、パネリストの人たちが緊張しています。

司会の開会のあいさつから始まり、わたしがこの会ができるまでの経過説明をしました。

コーディネーターがレジュメを使って話すことはおかしいことですが、今回は発起人なので許してもらうことになりました。パネリストのテーマはすべてが「各宗派の現状と問題提起」です。

最初のパネリストの和田幸子さんは、大阪府下で本願寺派の住職をしています。本願寺派の女性僧侶の割合32・2%、住職4・1%、教師資格（住職になる資格）者27・0%。女性僧侶は1931（昭和6）年、女性住職は1948年誕生など、数値的な発表があり、本願寺派の女性の動きとして、1998年に組織された「全国坊守・寺族女性連絡会（以下「全坊連」）」に属し、男女共同参画を進める「提言書」を毎年西本願寺教団に提出しているが、なしのつぶてであり、教団の壁がいかに厚いかを説明しました。

和田さんは、自己紹介を兼ねて、弟がいるのに、姉である彼女が住職になった経緯を話し、教師を辞めてからの住職経験と「全坊連」での本願寺派の女性たちとのつながりを話しました。寺が家父長制の「博物館」であることを実感していて、これから教団内の女性差別を解消するために「十派の会」でがんばりたいと抱負を語りました。

二人目の堤順子さんは、三重県伊賀市の高田派の寺の坊守をしています。高田派の女性僧侶は6・6%、住職は27・1%、教師資格者は12・5%。女性住職は2001年に誕生とのことです。

彼女は自己紹介で、一般家庭から寺に入ったことで、義母から坊守（掃除・留守番・聞法）、

「嫁」（家事）、母（子どもの世話）、妻（学習塾の手伝い）の役割を課せられ、義母から認めてもらうため一生懸命努力しました。そのなかで大きな記憶が二つあると話しました。一つは、長女の次に長男を産んだときのことです。彼女をほったらかしにして、「でかした、でかした」と家中、門徒さんたちが騒いでいたこと。もう一つは、義母から何かにつけて「聞法が足りない」といわれ、説教を聞き続けていたとのことです。

しかし、フェミニズムに出逢い、自己否定観がなくなり、女性相談員として働き、２００７年には三重県の民間のＤＶや性暴力被害者の支援団体を立ち上げ、現在もかかわっているとのことです。そして、性暴力被害者の実態を話しました。義母の死後の聞法が今の女性問題を考えることにつながり、変成男子の問題は生きることへの問いの始まりだったので、今後も続けていきたいと語りました。

三番目の山内小夜子さんは、大谷派の僧侶であり、教団の解放運動推進本部の職員です。大谷派で女性僧侶は34・6％、教師資格者は15・7％、女性が僧侶になれたのは１９４２年、住職になれたのは１９９６年、現在は２・４％とのことです。

山内さんは、大谷派の教学を研究しているので、大谷派の女性の歴史を得度の問題、「五障三従」「変成男子」の考え方について説明しました。１８７９（明治12）年、女性の得度を伺う書類が教団に出されました（『配紙』による）が、女性には適さないという返事が出たままであったといいます。

五障とは、女性が梵天王・帝釈天・魔王・転輪聖王・仏に成れないことをいいますが、『法華経』に出てくるサンスクリット本を漢訳したときの意味は、「ブラフマンの地位、インドラの地位、大王の地位、覇王の地位、ひるむことなくさとりを求めるものの地位」となっていて、女性は「地位」を得ることができなかったことになるという指摘をしました。地位を得られなかった女性を五障としたことは、現代にも通じる排除の意味をなすことだと語りました。

3人の発表が終わり、会場とのディスカッションになりました。「おんなたちの会」でがんばってきた女性たちの発言は、若い人を圧倒したのではないかと心配するほどの勢いがありました。「十派の会」への期待も込めて、教団内、寺に生きる女性としての悩みなど、多くの発言が会場から出ました。男性の参加が4人あり、2人の発言がありました。女性差別に理解を示す男性もあり、1時間のディスカッションはあっという間に終わりました。

「十派の会」が次回へ、次世代へつなぐこと、そして宗派を広げることができればよいと願うシンポジウムでした。

第2章

わたしのターニングポイント
——フェミニズムとの出逢い

一　専業主婦

わたしがフェミニズムに出逢わなければならなかったのは、結婚して夫が職を得たときに専業主婦になったからです。専業主婦になる前、わたしは小学校教師をしていました。生涯その職業に就くつもりでいましたが、夫が大学院を終え、就職ができ、研究生活を続けている姿に、わたしも研究を続けたいと思ったのです。仏教研究（真宗学として親鸞を中心に）を修士課程までやっていて就職したので、職をもちながらの傍らの研究でいいと考えていましたが、親鸞に至る根本の仏教から学びたいと思うようになりました。

わたしは博士課程へ入学する余裕が出てきて、奨学金をもらえば、充分生活できると考えました。１９７３年、大谷大学博士課程への入学と同時に、わたしは専業主婦になりました。１９７５年は日本の専業主婦率が最高の年です。その年、わたしはそのなかに入る専業主婦でした。夫からの強制ではなく、わたしが選択したのです。

当時、高度経済成長期であり、新しい家電が出てきて、台所製品が大きく変化し、料理の幅も多様化しました。よく覚えているのが、オーブンです。家庭でケーキが焼ける、オーブン料理ができるようになり、わたしはオーブン料理をし、ケーキを焼いたのです。もちろんわたしはケーキが好きですが、夫が好きだから焼いていました。

夫のための家事労働でした。戦後生まれのわたしは男女平等の教育を受けていたにもかかわらず、結婚したら性別役割分業をあたりまえに内面化し実践していました。すべてが夫を中心にまわっていましたし、それに疑問を感じることはありませんでした。

しかし、専業主婦をしばらくすると、その生活に疑問をもつようになりました。傍ら、博士課程で仏教の研究を続けていましたが、博士課程を終えると、夫の給料に頼り切る人生ですし、家事を中心にした生活に疑問を感じだしました。就職して自分で稼いでいましたし、ある時期は夫の生活も支えていましたが、夫の給料で生活していく何ともいえない気まずさを感じたのです。そのうえ、家事を中心にした生活がこれからずっと続くと思う憂鬱感です。子どもをもたない夫婦として生きると決めた二人だったので、なおさら家事に重点を置いていたわたしは、研究する時間はありましたが、しんどさを感じました。

二　フェミニズムとの出逢い

専業主婦となって鬱々としていたときに、日本女性学研究会の存在を知りました。夫の了解を得て、その会のイベントに参加し、目を開かせられました。「これだ！」という出逢いでした。フェミニズムは、性別役割分業を女性差別と考えます。それは、自分の現在の生活を否定されることになりますが、その通りだと納得しました。

一方、仏教研究のなかで、衝撃のことばに出遭いました。「女人五障」と「変成男子」です。大学院の教師からは教えてもらわなかったことばであり、わたしがひとり経典を学んでいるときに出遭ったのです。

日本女性学研究会は、自分の関心のある分野でグループをつくるシステムになっているので、わたしは宗教のグループをつくり、宗教に関心をもつ女性との出逢いがありました。

それからの学びはわたしの人生のなかで2回目の必死になる勉強となりました。一度目は、大学院へ入学したとき、真宗学を専攻する女性はわたしひとりでした。入学して間もない頃、同じ専攻の学生にいわれました。「何しに大学院まで来たのだ」「婿さんを探しに来たのか」と。当時のわたしは心のなかで、「勉強しに来たのに決まっている。わたしは寺の跡取りでもないし、婿さん捜しでもない」と思っただけで、口にすることはできませんでした。そのときが第一回目です。この男たちに負けないほど勉強をしようと決めたのです。

しかし、二回目の勉強の仕方は、わたしのためでした。わかりきったことですが、この勉強こそがわたしの身についたのです。仏教の研究がフェミニズムの視点によって変化しました。

そして、仏教以外の日本の宗教や女性のありようをフェミニズムの視点で学ぶことは、新しい見方ができ、楽しみになっていきました。

三 「女人五障」

仏教の「女人五障」

仏教は釈迦が始めた宗教であり、だれでもが仏に成る教えです。キリスト教との大きな違いですが、神と仏の違いでもあります。仏教は、仏に成ることをめざす教えです。釈迦は書いたものを残さなかったですが、教えとして説いたことが、後に弟子たちが経典としてことばに著したのです。初期の原始経典と紀元前後の大乗経典に大きく分かれます。

経典を著した弟子たちに問題がありました。まず、「女人五障」の問題です。男性と女性は違います。しかし、同じ人間です。そこに立てば、女性を特別に取り扱うことはあり得ません。なぜ、女性を特別に扱ったのでしょうか。なぜ、「女性枠」をつくったのでしょうか。そこには、優位に立つ男性からみた女性がいたということです。その時代時代に男性によってつくられた女性観が存在していたのです。仏教者として経典を作成した人、そして、その経典を絶対視した仏教者もその時代の女性観に影響を受けたのです。

そのひとつが、まず「女人五障」であり、女性は仏に成れないとした大きな罪を犯しました。

蓮如の「五障三従」

わたしが「女人五障」のことばと出遭ったのは、経典からだけではありません。蓮如の「五障三従《ごしょうさんしょう》」のことばからもです。前章の東本願寺のはずされたパネルに入っていたことばです。

『御文（本願寺派は『御文章《ごぶんしょう》』）』にいくつか読むことができます。

諸仏にすてられたる末代不善の凡夫、五障・三従の女人をば、弥陀にかぎりて、われひとりたすけんという超世《ちょうせ》の大願をおこして、われら一切衆生を平等にすくわんとちかいたまいて、無上の誓願をおこして、すでに阿弥陀仏となりましましけり。

女人の身は、五障・三従とて、おとこにまさりてかかるふかきつみのあるなり。このゆえに、一切の女人をば、十方にましますす諸仏も、わがちからにては、女人をばほとけになしたまうことさらになし。しかるに阿弥陀如来こそ、女人をばわれひとりたすけんという大願をおこして、すくいたまうなり。（いずれも現代の仮名づかいにしている）

「五障」は、フェミニズムの視点で読む以前は何も感じませんでした。あたりまえとして受け取っていました、与えられることばがそのままわたしのなかに入っていたのです。

「五障」と「三従」に分けられますし、まずは「五障」が問題になりました。蓮如のことばは知っていましたが、学ぶなかでみつけたのは、法然の『念仏往生要義抄』からです。これは、1990年に著した『性差別する仏教』（共著、法蔵館）に書いているので、そのまま載せます。

五念には五障を消し、三念には三従を滅して、一念に臨終の来迎をかうぶらんと、行住坐臥《ぎょうじゅうざが》に名号をとなふべし。

法然は「障り多い」女性の往生を説くのに使っていますが、「五」が気になりました。「五障」とは、女性は五つのものになれないという考えであり、梵天王、帝釈天、魔王、転輪聖王、仏に成れないことをいいます。「女人五障」説は紀元前3世紀後半から紀元前1世紀にかけて、仏教教団の分裂後にあらわれたといわれます。仏教学者によって出典が示され、『中部経典』

に出てきます。孫引きになりますが、引用します。

　これは道理にないことであり、あってはならないことである。すなわち女性が阿羅漢・正等覚者、…転輪聖王、…帝釈であること、…魔王であること、…梵天であること、…になるだろうという道理はありえない。（田上太秀『仏教と女性―インド仏典が語る』東京書籍）

前述した「十派の会」で発表した山内小夜子さんの『法華経』の訳には「地位」となっているのは、『中部経典』以後に「仏」から「仏の地位」に変化したことがわかります。

ちなみに、三従は『マヌ法典』（田辺繁子訳『マヌの法典』、岩波文庫）で知り、女性は生まれてからは父に、結婚したら夫に、夫が亡くなったあとは息子に従うという教えです。女性は自立してはならない存在だったのです。

『大智度論』の「女人五障」

親鸞と関係するところでいえば、親鸞が七高祖と崇めたひとりである龍樹の『大智度論』にも「女人五障」が載っています。前章の東本願寺のパネルにも載せたものです。

復た経中に説く。女人に五つの礙《さわり》あり。釈提桓因《しゃくだいかんいん》（帝釈天）と梵王（梵天）と魔王と転輪聖王と、そして仏になることを得ず。是の五つの礙を聞きて、仏と作《な》ることを得ざると女人はこころ退き、発意《ほつい》すること能わざらん。

親鸞にも「五障」のことばが出てきます。

弥陀の名願《みょうがん》によらざれば
百千萬劫すぐれども
いつゝのさはりはなれねば
女身をいかでか転ずべき（『高僧和讃』善導大師）

変成男子のところで詳しく述べたいので、ここでは、「いつゝのさはり」として出てくることにとどめておきます。

女性が仏に成れないという意味を知ったときの衝撃は大きいものでした。仏教はすべての人が仏に成れる、仏をめざす教えだと教えられ、信じていたわたしは、「女は仏に成れない」ことをどう考えればよいのかわかりませんでした。フェミニズムの視点に立っているにもかかわらず、それを女性差別というにはまだ自信がありませんでした。しかし、日本女性学研究会で出逢った宗教に関心のある女性とのつながりができたこと、アメリカの宗教学者がキリスト教の女性差別を指摘しているのを学んだとき、仏教の女性差別を指摘してもよいと確信したのです。

現在は、「五障」が女性差別と指摘するだけでは足りないと思っています。経典制作者が、なぜ、女性をこのように捉えなければならなかったのかという思いがあります。男性と女性の違いから女性差別になぜ、進むのでしょうか。男性中心になる、男性が優位であるという考えが仏教のなかからも出てくることが指摘されなければならないと思います。つまり、仏教という宗教のなかに女性差別が出てくることの罪深さを指摘したいのです。

仏教者も人間ですが、もっとも平等を求めてしかるべき仏教者が差別をつくることは、指弾されるべきだと思います。教団という組織がつくられること、男性が集まること、個人ではなくなっていくことで、集団のなかに上下関係ができるのでしょう。人が人と比較する存在であることを示し、自分を優位におこうとする考えです。宗教は本来そういう人間のありようを否定するものだと思います。「生まれを問わない」と釈迦が示したことは、区別を認めるが、そこに優劣や尊卑や浄穢《じょうえ》などの上下関係をつくらないことです。

経典や親鸞や蓮如のことばは最終的には女性が成仏する、往生すると説きます。「女人五障」を女性差別だといえない人も、最終的に女性が成仏する、往生すると捉えます。それは、経典、親鸞、蓮如を絶対視する枠から抜け出せないことを表しています。前章で示した東本願寺の総長しかり、教団を組織する住職や寺に住む人や門信徒の多くがそうです。そのことは、フェミニズムの視点、ジェンダーの視点を理解しようとしないことを意味します。フェミニズムの視点を理解しないことは、女性差別を理解しようとしないことになると思います。

また、もう一つ考えられるのは、そういう人の発言は、経典ができた時代、親鸞が生きた時代、蓮如が生きた時代に生きているかのように聞こえ、現代の今ここに立っていないと感じます。この問題は、これから論を進めていくなかで大きな課題です。論を進めながら考察していくことにします。

四　「変成男子」

『無量寿経』の「変成男子」

「女人五障」の考えは、仏教の教えとして問題があります。その解決策と考えられるのが「変成男子」ですが、わたしは、この思想も女性差別と捉えます。「転女成男《てんにょじょうなん》」ともいい、女性は一度男性に変身することによって成仏するという考えですが、なぜ、女性が男性に変わらなければならないのでしょうか。不思議さを通り越して、怒りとなります。男性が考えるあまりにも身勝手な考え方に思えます。

「変成男子」のわかりやすい例を挙げれば、「女人禁制」だった高野山の奥之院には数多くの墓があり、その時代のステイタスを示す大きな墓もありますが、女性の墓がたくさんあります。「女人禁制」だった時代になぜ、女性の墓を建立することができたかは、まさに「変成男子」の思想が適用されたからです。

「変成男子」を記載する経典は多くあります。前章で問題にした東本願寺のパネルには、『法華経』と『無量寿経』を挙げました。他にも『般若経』『金光明経《こんこうみょうきょう》』などを挙げることができます。

ここでは、親鸞にもっとも関係の深い『無量寿経』を問題にしたいと思います。前章の東本願寺のパネルでも登場させた浄土真宗にとっては大切な経典です。浄土真宗ではよりどころとする経典を三部経といい、『無量寿経』『観無量寿経』『阿弥陀経』を挙げます。親鸞は、主著である『顕浄土真實教行証文類（通称『教行信証』）』（以下『教行信証』）の教巻で「真実の教を顕わさば、則ち『大無量寿経』是なり」と著し、『無量寿経』を根本経典としています。親鸞にとって真実の経典は『無量寿経』であることを宣言しています。

わたしの師である信楽先生は、「親鸞が『無量寿経』だけが真実だというのは、考えてみれば大変なことをいっているのです。（中略）どうして、そういう一見不遜にみえる行為ができるのか。これは考えてみたら、釈尊と同じ立場になったからできたことです。そこに立たないかぎり、こんなことはいえるはずがありません。その意味において、親鸞のもっていた信心というものは、釈尊の「さとり」の境地と同じものであった」（『教行証文類講義』第一巻196頁、法蔵館）という大胆な評価をします。

そうした絶対ともいえるよりどころとした『無量寿経』に「変成男子」の思想が出てきます。阿弥陀仏がまだ法蔵菩薩だったときに立てた四十八の誓願のなかの第三十五願です。一般に「女人成仏の願」といわれます。

> たとい我仏を得んに、十方無量不可思議の諸仏世界に、それ女人ありて、我が名字を聞きて、歓喜信楽《かんぎしんぎょう》して、菩提心をおこし、女身を厭《いと》い悪《にく》まん。寿《いのち》終えての後、また女の像とならば、正覚《しょうがく》を取らじ。

女性が仏に成るとき、つまり、女性が菩提心をおこし、女性の身であることを厭うでしょう。女性はそのままでは成仏ができません。女性が生涯を終えたあとに再び女性の身を得るなら、仏には成りませんという、女性は女身を厭い憎んでいるので、そのままでは成仏できない。成仏するとき、また女身となるならさとりをひらくことはないといい、一度男性に転じることを意味し、まさに「変成男子」の内容です。

『無量寿経』制作者が「変成男子」の思想をもっていたことは明らかです。その点については、女性差別であると明確にいえます。なぜ、女性がわが身を厭悪しなければならないのでしょうか。なぜ、一度男性に変わらなければいけないのでしょうか、理解できません。男性についてはは絶対にいわれないことです。男性の目線で考えられたとしか思えません。その目線こそ、男性中心であり、男性を優位にみており、女性を下位にみている女性差別です。

男性にとってフェミニズムの視点に立つことがいかに困難かを示しています。東西本願寺は、「旃陀羅」を部落問題の差別問題として取り組んでいます。部落問題は差別問題として取り組めるのに、なぜ、女性問題の「女人五障」や「変成男子」を女性差別として取り組めないのでしょう。差別問題に違いがあるのでしょうか。差別問題に温度差があると考えているとしか、わたしには捉えることができません。総長の回答も、そう読み取らざるを得ませんでした。仏教関係者の多くがそのように考えているのでしょうか。わたしには不可解と思える差別問題へのかかわり方です。

親鸞の『和讃』の「変成男子」

親鸞は、「変成男子の願」のことばを使った『和讃』を残しています。『無量寿経』の第三十五願を「三十五願のこゝろなり」と釈をつけて次のように詠みます。

弥陀の大悲ふかければ
仏智の不思議をあらはして
変成男子の願をたて
女人成仏ちかひたり　（『浄土和讃』大経意）

また、善導の『観念法門』に出てくる「変成男子」の思想を次のように詠います。

弥陀の名願《みょうがん》によらざれば
百千萬劫《ごう》すぐれども
いつゝのさはりはなれねば
女身をいかでか転ずべき　（『高僧和讃』善導大師）

二種の和讃を読むと、親鸞にも限界があったといえます。『無量寿経』を根本の経典とし、親鸞にとってもっとも大切な経典としていましたが、そのなかの第三十五願の意をそのまま受け取ることしかできなかったのです。その他のところでは、「男女老少をいはず」（『教行信証』）といっているにもかかわらず、『無量寿経』の「変成男子」の思想を超えることはできませんでした。また、七高祖のひとりとして選んだ善導の『観念法門』をも超えることはできなかったのです。

前者の親鸞の『和讃』に対する西本願寺教団の解釈を、わたしは受け入れることができません。次のように記されます。「もちろん今日的な人権感覚において、これらのご文をそのまま解釈することは、性差別につながることは言うまでもありません。このご和讃（『浄土和讃』を指す）において親鸞聖人が意図されたのは、女性はこの第三十五願によって、とくに変成男子によって往生することを約束されているということではありません」（浄土真宗本願寺派総合研究所社会部（人権問題担当）編「御同朋の社会をめざす運動」（実践運動）人権啓発推進僧侶研究会　参考資料、2019年）と解釈します。結論として何がいいたいのかがよくわかりません。

教団にかかわる人の多くがこのような書き方やいい方をするのは、なぜでしょう。親鸞を貶めることになると感じるからでしょうか。では、なぜこうしたいい回しをして、親鸞を絶対化、絶対視しなければならないのでしょうか。わたしにはまったく理解できません。

親鸞に限界があると認めることが、親鸞を貶めることにはならないと、わたしは考えます。

親鸞は、『無量寿経』を「真実の教えを顕さば、すなわち『大無量寿経』是なり」（『教行信証』

教巻）と選んだのです。そのなかの第三十五願は変成男子の思想をもっています。親鸞は、それをそのままの流れで解釈したのです。

わたしは、親鸞には限界があったことを素直に認め、それでもなお親鸞の教えは生きていると思っています。そして、わたしは、親鸞の思想によって生きると決めています。親鸞を擁護する書き方やいい方しかできない人が、そこまで『無量寿経』や親鸞を絶対視しなければならないのは、わが身を『無量寿経』や親鸞をたのみにしているからではないでしょうか。「たのむ」信心は、親鸞にはなく、それは、蓮如の信心のあり方であり、間違っていると、わたしは恩師から聞いてきました。

上記の文章に続いて、「仏のお心にそいながらそのお言葉を味わう、すなわち「順彼仏願《じゅんぴぶつがん》」「随順仏語《ずいじゅんぶつご》」を旨として、経典を読まれた親鸞聖人の経典観に基づいて、私たちはみ教えに向かわなければなりません」（同前）とあります。親鸞の経典観が、わたしとは異なることがわかります。『無量寿経』を根本経典として選んだ親鸞は、第三十五願をそのまま読み取ったのです。だから、「変成男子」の『和讃』を詠んだのです。

それ以上の深読みをしなければならないのは、何かを守ろうとする権威者になっているとしか思えません。親鸞はそういう権威を否定したはずです。そうした権威者の発言は、人権問題を考える人とは思えません。

経典の制作者も親鸞もその時代を生きた「人間」です。親鸞はこんなかたちで絶対化、絶対視されることを望んでいるのでしょうか。仏教者である親鸞が望んでいるとは思えません。

仏教の核心の教えがあれば、それでいいのではないでしょうか。人権を学ぶということは、現代の人権感覚をもつことを学ぶことではないのでしょうか。経典制作者や親鸞を絶対化しないことこそ現代の人権感覚ですし、親鸞の教えにもあると、わたしは学んできました。

第3章

ジェンダーの視点で学んだわたしの課題

一　家制度

寺の長男

フェミニズムに出逢い、学ぶことが多くありました。日本の宗教を中心に学んできましたが、日本の歴史を学ぶことになり、わたしが育った寺の生活、結婚した相手が寺の「長男」だったことから、わたしの問題になりました。

わたしは小学生の頃、曾祖母がわたしにいったことばを今でも忘れません。「あんたの弟が生まれたとき、わたしは「男の子が生まれた」と近所に触れ回った」とうれしそうにいったのです。わたしは1947年生まれ、弟は1950年生まれです。曾祖母は、3歳下の男の子の誕生を近所に触れ回るほどうれしかったのです。そのとき、「わたしが生まれたとき、おばあちゃんは喜んでくれなかったんだ」とわたしは思ったのです。そして後に、男児を産めなかった母の辛さも理解できました。

寺に長男が生まれることは、跡継ぎができたことを意味します。現代の天皇制のミニチュア版が生家にもいえたのです。わたしは弟とともに愛情ある家庭で育ちましたが、弟の進路は決められていました。大人になって弟と酒を酌み交わしながらの話も忘れられません。「姉貴が羨ましかった。何でもできる、自由だと思った。自分は龍谷大学真宗学へ行くことが小学校のときから決まっていた」と。

わたしは驚きました。つねに曾祖母、両親の扱いが異なり、家事の手伝いはわたしだけ。ご飯やおかずの並べ順は父、曾祖母、弟、最後がわたしか母のどちらかでした。何かにつけて、「坊ちゃん」扱いの弟は、世間の目も違いました。わたしも寺の娘でしんどい思いはありましたが、寺の跡取りへの目線は、わたしとは違い、寺の行事があるとき、門徒さんが集まるときには顕著でした。わたしは手伝い役、酒の席では酒をつぐ役割までさせられました。

戦後になって家制度がなくなったにもかかわらず、家制度の名残りを寺はそのまま守っていました。所謂、世襲制です。本願寺と末寺の違いは、本願寺の門主は男性しかできないですが、末寺は女性の住職が認められています。しかし、実際に望まれているのは、女性ではなく、男性です。

近代天皇制の下での関係

浄土真宗の寺の住職は、長い間長男が継ぐことがあたりまえでした。近代に法制化された家制度以前から、実質の家制度を継承していたのが、浄土真宗の寺だったのです。天皇家は近世まで女性天皇も存在しましたが、本願寺と末寺では女性住職は認められませんでした。男系の世襲制を固守していたのは、天皇家よりも本願寺と末寺だったといえます。天皇家は、近代以降、女性天皇を認めなくなりました。東西本願寺の門首（門主）は相変わらず女性はなっていませんが、末寺の本願寺派では1946年に女性住職が認められました。戦後、男性住職が足りなくなったという事情からです。当時の女性住職は、中継ぎか住職になる予定の男児が子どもであるという理由からでした。

大谷派で女性住職が認められたのは、1996年のことです。それも、女性たちの運動の結果です。女性住職が認められたとはいえ、その数はいまだ少ないままです。多くの末寺は世襲制であることに変わりなく、家制度的なものを踏襲しています。

日本における家制度が法制化されるのは、1898（明治31）年です。祭政一致の天皇制国家は、まずは、1871（明治4）年の「詔書」により、「万世一系」の天皇の神聖化と絶対化を図りました。軍隊のための徴兵制度ができるのが1873（明治6）年であり、そのために戸籍制度が整備されました。1870（明治3）年、「平民苗字許可令」が発令され、天皇家を除いて苗字をもつことが許可されました。それ以前には苗字をもたない人々がおり、苗字をもたない出家名で生きる出家者さえ苗字をもたされることになりました。1871（明治4）年、戸籍法が制定され、1875（明治8）年には、「平民苗字必称義務令」が発令され、すべての臣民は苗字を名のるべきとされました。

出家者については、1872（明治5）年、太政官布告一三三号が出され、「自今（今より）僧侶肉食妻帯蓄髪等可為勝手事（勝手たるべきこと）但法用ノ外ハ人民一般ノ服ヲ着用不苦候事（苦しからず）」として肉食妻帯蓄髪が許されたのです。日常いつも法衣を着用しなくてもよいという国家による許しです。出家者が苗字をもつことを強制され、「肉食妻帯蓄髪」が許可されるという何とも不可解なことが実施されようとしたのです。一部の僧侶が反対するだけで、仏教界は国家に従いました。疑義を呈する川橋範子は「虚偽の出家主義」と名づけています（『妻帯仏教の民族誌』人文書院、2012年）。僧侶の妻帯は、世襲制をより容易にし、仏教界に広まりました。

その後、国家は1889（明治22）年、『大日本帝国憲法』を公布しました。その第一条は、「大日本帝国ハ万世一系ノ天皇之《これ》ヲ統治ス」とあり、第三条は、「天皇ハ神聖ニシテ侵スヘカラス」と、天皇に統治権があり、「神聖」として現人神《あらひとがみ》の地位が与えられます。同年公布の『皇室典範』第一条には、「大日本国皇位ハ、祖宗ノ皇統ニシテ男系ノ男子之ヲ継承ス」とあり、天皇は男子しかなれないことが明文化されます。この問題は現在も継続しており、ある意味で「女人禁制」を表すので、次章で述べたいと思います。

臣民とされた国民が生きるべき姿勢として示されたのが、1890（明治23）年の『教育に関する勅語』（『教育勅語』）です。ここで問題にしたいのは、「父母ニ孝ニ」と「夫婦相和シ」です。

1898（明治31）年、民法の成立により家制度が法制化されました。

「父母ニ孝ニ」

「父母ニ孝ニ」は、儒教の考えだといわれますが、わたしはそうは思いません。儒教には母は入っていませんし、孝行の内容は、『教育勅語』が求める内容と儒教では異なります。儒教の孝は、息子が父に対することであり、父が亡くなった後の「三年の喪」（3年間喪に服すこと）が重要視されます。『教育勅語』の「孝」は、父母が生きている間の孝行をいっています。具体的なことは書かれていませんが、父母と子の関係は明確に上下関係をつくり、上に対して従うことが「孝」の意味となります。それは、天皇と臣民の関係と同様です。

天皇と臣民との関係は、「一旦緩急《かんきゅう》アレハ義勇《ぎゆう》公ニ奉シ以テ天壌無窮《てんじょうむきゅう》ノ皇運ヲ扶翼《ふよく》スヘシ」とあるように、天皇と国家はひとつと考えられているので、国家に一大事がある場合には、命をかけて皇室を助けなければならないとなります。国家の一大事といえば、戦争です。国家を助け、皇室を助けることに命をかけることが臣民に求められたのです。国家・天皇の命に従うことが、『教育勅語』に示されたのです。

『国体の本義』（文部省・1937年）に天皇と臣民の関係は、「和」をもって示されます。「一に帰すところの大和」とあるように、天皇と臣民の関係が「大和」であるのは、現人神としての天皇と臣民の上下関係は明確であり、天皇のために命をなげうつ覚悟をもって国家・天皇のために生きることが要請されたのです。現人神である天皇に絶対的に従う道こそが「まつろう（服う）」だったのです。

こうした現人神に絶対随順を強いられるのも儒教と異なるところです。儒教が父子関係を重要視するのに対し、日本の天皇制は、父母に孝を尽くすと教えたのです。天皇制の国父と国母の関係が家制度下の父母となったのです。家制度下の父母に従うことが、結局は父に従うことになるのは、次の「夫婦相和シ」があるからです。

「夫婦相和シ」

『教育勅語』のなかの「夫婦相和シ」は、「和」の原理がそのまま示されます。夫と妻の関係は夫が上であり、妻が下に位置し、夫に従う妻のあり方を示します。妻は所謂「嫁」です。とくに長男の嫁は、家を存続させるための男子を産むことが求められました。「和」は「一体」ということばと重なります。「夫婦一体」は、現在でも使われています。

当時のことばに、「君民一体」がありました。「君」とは天皇であり、「民」は臣民です。天皇と臣民の関係を表すのに「一体」を使ったのです。天皇と臣民の関係は平等ではなく、現人神と臣民はまったく違います。天皇にまつろう（服う）よう教えられたものこそ「国家神道」でした。宗教とはいわれませんが、神であった天皇にまつろうのは、信仰に近いものです。

別のことばとして「内鮮一体」がありました。日本と植民地朝鮮の関係を表したものです。日本が上に位置し、朝鮮が下でした。植民地が宗主国と対等な関係であるはずがありません。

「夫婦相和シ」は「夫婦一体」と同じ意味であり、夫婦が平等ではありません。つまり、平等ではない関係は、下のものが上に従う関係です。従うことができるのは、わたしを無にするしかなく、滅私です。フェミニズムに出逢ったわたしが、「個」の確立ができていなかったのは、こうした戦前の「和」の原理をわたしが内面化していたからです。教育のなかで教えられたわけではありませんが、家庭、社会でつくられていたものを知らず知らずのうちに抵抗なく受け入れていたのです。

「夫婦相和シ」の関係には、現在いわれるドメスティック・バイオレンスの夫から妻への暴力があってあたりまえでした。夫が妻を支配していたからです。妻は支配されていることにも気づかず、多くは「嫁」として滅私の生活を受け入れ、夫に従い、嫁いだ「家」に従っていたのです。

家制度

1898（明治31）年の民法制定により、家制度が法制化されました。「戸主及ヒ家族ハ其《その》家ノ氏《うじ》ヲ称ス」（七四六条）「妻ハ婚姻ニ因《よ》リテ夫ノ家ニ入ル」（七八八条）「入夫及ヒ婿養子ハ妻ノ家ニ入ル」（七八八条）とあり、結婚は相手の家の戸籍に入ることで「入籍」となり、結婚相手の家の苗字に変わったのです。

「家」とは、天皇制国家を支える最小の共同体であり、基本的に父系の血統集団を継続していくことであり、長男を通して家名・家督《かとく》・祭祀《さいし》権が継続されることです。ただ、日本の場合は、「家」という「カタチ」を重んじたので、養子制度が許されました。女性が家を継ぐことができ、男性が「婿養子」となったのです。しかし、「婿養子」は女性の「嫁」と似た考えがつくられたせいか、あまり推奨されるものではありませんでした。わたしの父は、戦後、家制度が廃止されたあとに、寺の娘である母と結婚したので、法制上は「婿養子」ではなかったのですが、父自身が、「婿養子だ、婿養子だから…」と卑下したもの言いをしていました。

天皇家が天照大御神から続いてきたと考え、祖先祭祀を重要視するのと同様に、家族も祖先から続いていると考えるので、家は祖先祭祀の場として重要視されました。

家を相続する意味と兵力や労働力を必要とする人間の数は、女性の多産を必至なこととし、子ども（とくに男子）を産めない女性への蔑視となり、国家・世間がつくる「一人前の女性」になれないことを女性が「子どものできない女、男子を産めない女」として自らを責めていました。国策としての「産めよ殖《ふ》やせよ」は、女性の生き方を束縛しました。

男性にとっても、長男と次男以下の扱いには違いがありました。家を継ぐ長男は、家長・戸主としての自覚をもたねばならず、一家の大黒柱の考えがつくられていきました。男性が妻子を養うという考えもこの時代につくられたと考えられます。女性にとって結婚とは「家庭に入る」という感覚でした。それは、男性に養われることをあたりまえとすることだったのです。

祭祀権

家制度の相続は、家名・家督・祭祀権が基本にありましたが、そのなかでも祭祀権は、家制度がなくなった現在でも完全に乗り越えられていません。「明治民法」第九八七条には、「系譜、祭具及ヒ墳墓ノ所有権ヲ承継スルハ家督相続ノ特権ニ属ス」と記され、具体的に、系譜とは過去帳・家系図を、祭具は仏壇・位牌を、墳墓はその通り「○○家之墓」「先祖代々之墓」を表します。それらは家督を相続するものが承継するのですから、基本的には長男です。先祖を大切にしなければならなくなった国策に則り、祭祀は家制度のなかで重要な意味をもつことになりました。近世に檀家制度ができて葬送の儀式を寺がやっていましたが、葬送後の法事を含めて、長男の家でおこなう儀式は増えていき、先祖崇拝はいっそう重要な意味をもったのです。

また、この時代で忘れてならないのは、国家がおこなった戦争による戦死があり、国に祀られると同時に戦死した家での祭祀が重要視されました。

例えば、祭祀を司る家制度を表すのが、通夜や葬儀における喪主です。喪主となるのはほとんどが男性であったため、父が亡くなった場合には長男が喪主となるのがあたりまえでした。

その父が若くして亡くなり、長男がまだ小さいときなら、亡くなった父の父親が喪主になったり、父の父がいないときには、母がなる場合もありましたが、よほどのことがない限り、母が喪主になることはありませんでした。つまり、女性が喪主になることは、特例だったのです。男性が表舞台に立つことをあたりまえとしていた時代でした。

法事も当然長男の家でおこない、親戚が何人集まろうと法要のあとのお齋《とき》に、高齢の女性がいる場合は、最初から席に座っているでしょうが、男性は当然のように席に座り、女性はお齋の準備をする性別役割分業は明確でした。いざ食べ始めると、男性同士が酒を酌み交わすことはあっても、女性は酒を接《つ》ぐ役割もしなければならず、ほとんどの家庭ですべての料理をつくっていました。

戦後の祭祀権

戦後、家制度はなくなりました。祭祀権（現民法第八九七条）は、「祭祀用財産の承継」となっており、「系譜、祭具及び墳墓の所有権は、前条の規定にかかわらず、慣習に従って祖先の祭祀を主宰すべき者がこれを承継する。但し、被相続人の指定に従って祖先の祭祀を主催すべき者があるときは、その者が、これを承継する」となり、「前条の規定」とは、第八九六条（「相続財産の包括承継」）のことをいい、「相続人は、相続開始の時から、被相続人の財産に属した一切の権利義務を承継する。但し、被相続人の一身に専属したものは、この限りではない」となっています。法律をきちんと理解することはむずかしいですが、要は、「慣習に従って」祖先の祭祀をおこなうことをいっています。

家制度がなくなったにもかかわらず、ほとんどの人はそのことさえ知らず、戦前のやり方をあたりまえと思ってやってきました。とくに檀家制度下では、寺も檀家も意識の変化がなく、そのまま続きましたし、特別に困ることもおこらなかったのです。

しかし、高度経済成長期を経て、都市部へ働きに出た世代が亡くなったとき、生家の墓に入れるか入れないか、生家の墓をどうするのか、新たに墓を建てるには高すぎる、自分の墓を建ててもその管理をする子どもに迷惑をかけたくない、墓の管理者がいないなどの問題が一気に噴出し、「死」の問題がタブーだったことをスッと乗り越えて、自分のことの問題になってきました。「終活」ということばがつくられたのも、時代を反映しています。

戦後、葬式は大きく変化し、高度経済成長期には権威を示すような派手な葬式がありましたが、現在はほとんどなくなりました。一部芸能人の葬儀に残っていますが、芸能人でも葬儀をしない人も出てきています。

しかし、葬儀の経験をした人の多くが感じるのは、亡くなってからの流れを葬儀社が主導権をもつようになったことです。葬儀社に依存し、葬儀社のいいなりになった結果、多くの葬儀代、戒名料、僧侶へのお布施などを「取られた」と感じている人が多くいます。

死者への想いがあるから、失礼なこと、ケチることなど、葬儀社のいいなりにならざるを得ないことがおこっています。ことの流れが終わり、時間の余裕ができた頃に、「取られた」「ぼったくられた」（実際にわたしの友人がいいました）「何でこんな戒名？」「お布施ってこんなにたくさん出した？」などなど、不満たらたらです。

ほんとうに変わったのは、葬儀の規模が変わっただけだと思われます。「家族葬」「直葬」のかたちが登場していますが、正確な意味の「家族葬」（家族をどこまでと捉えるかによって違いが生じますが）や「直葬」をすることがいかに困難かを示しています。

それは、戦前の家制度的なものが残っていることを表しています。つまり、しきたり・慣習などにとらわれていることです。後述しますが、葬送の「宗教的自立」にかかわる問題だと思います。

焼香順

通夜や葬儀をする人がまだまだほとんどです。葬送の儀式につきものが焼香です。その順番は、なかなかジェンダー平等とはいかないようです。単純な例を挙げてみましょう。父と母がいて、子どもが生まれた順に長女、次女、長男がいて、そのそれぞれに配偶者がいる家族を想定しましょう。両親とだれがいっしょに住んでいたとか、介護をだれがしたとかなどをいっさい省いて考えることにします。父親が亡くなり、母が喪主をすることになったとします。そのときの通夜、葬式での焼香順は、まずは喪主の母です。問題は次の焼香順です。わたしが何度か経験した講座では、多くの人が「長男」だと答え、他の人々もそれに頷きました。実際の場合も長男が最初に焼香をしていると答えてくれました。この順番は家制度の名残りであり、ジェンダー平等ではないです。

ジェンダー平等の視点に立つなら、生まれた順に長女、次女、長男の順で、そのあと配偶者が続きます。または、長女、長女の夫、次女、次女の夫、長男、長男の妻だと思います。現実は、まだまだ実践するにはほど遠い焼香順です。

イギリス王室の例を引きますが、生まれた順に王位に就きますから、最初に生まれた子が女の子であろうと男の子であろうと関係ありません。

焼香も、家制度がなくなって、ジェンダー平等を求めるなら、生まれた順序で問題はないはずです。

生まれた順序に焼香ができるには、どうしたらよいのでしょうか。すべての人がジェンダーを理解したら、簡単にできるはずです。そうではない場合、母や長女や次女がいっても男性は聞かないでしょう。ジェンダーを理解する父が遺言に残すか長男がいえば、理解してもらえるのではないでしょうか。あるいは、ジェンダーを理解する住職か葬儀社が提案するならできるでしょう。いずれにせよ、ジェンダーを理解しなければできないことです。

二　檀家制度下における業論

檀家制度

檀家制度ができたのは、ご存知のように近世幕藩体制下です。江戸幕府は1612年に「キリスト教禁止令」を出しました。家族がキリスト教信者ではない証明ができる制度が檀家制度の始まりです。寺檀制度とも寺請制度ともいいます。特定の寺院に所属することが檀家になることです。家族がキリスト教信者ではない証明は、檀家であることの証明なので、寺の住職が書く証文を「寺請証文」といったのです。幕府の政策は、すべての日本人が仏教徒になることを進めることでしたが、個人の信仰とはまったく異なり、「家」を単位とし、個人が宗教を選ぶことができなくなったのです。

家の宗派が決まるので、とくに女性の信仰は個人の信仰と縁遠くなりました。生家の宗派と婚家先が異なる場合、婚家先の信仰に生きることを余儀なくされたのです。家の宗派を考えて結婚を選ぶことなど考えられませんでした。宗派よりも先に結婚が決まり、女性が信仰上の犠牲になったともいえますが、犠牲とも考えない信仰のありようでした。幕藩体制のこうした信仰のあり方は、後述する日本人の「宗教的自立」を阻害してきたと思います。

結婚が可能だった浄土真宗の末寺は、結婚相手の宗派を考えたと思います。浄土真宗以外の僧は、基本的に出家して結婚しなかったです。

この「家」の単位とされた檀家制度の問題は、現在の日本人の宗教観に禍根を残していると考えられます。自らの信仰を選択しない点です。それは、「信仰をもたない」と公言する人の多さに表れています。

業論

檀家制度下で信仰をもった多くの人は、住職や布教師である僧侶の説教を聞きましたが、そのすべてが男性でした。しかも、説教の内容に問題がありました。「後生《ごしょう》の一大事」といわれるほど、来世を大事に考えていた時代に、「三世《さんぜ》思想」を説いたのです。前世・現世・来世の意味が生きていましたし、来世はふたつ用意されていました。浄土（極楽）と地獄です。

基本的には因果論ですが、前世の因が現世の果となり、その現世の果が因となって来世の結果になるという構造です。具体的に示していくと、その構造のなかに仕組まれた人々は、当時の社会的弱者とされた女性、被差別部落民、障がい者、ハンセン病（当時は癩）などの人々です。現世にそのように生まれてきたことは、前世に悪いことをした結果であり、その結果が因となって来世に地獄に堕ちると説いたのです。

上記に述べた人々はすべて地獄に堕ちることになっていたのです。地獄絵図がいろいろ描かれ、その凄さが人々の恐怖感を誘いました。わたしも大きな地獄絵図をみたことがありますが、針の山に炎が燃えるなかで、人々が苦しんでいる図でした。一目みただけで堕ちたくないと思う絵でした。

地獄に堕ちたままにしないのが、仏教です。必ずや救いがあります。そこに仕掛けられた救いこそが、信仰をもつことでした。信仰によって地獄に堕ちない、極楽に生まれるのです。寺に集まる信者は多くが女性でした。嫁が寺に参拝するのは、舅姑も認めるのです。

寺での説教の内容は、仏教の因果論だけではありませんでした。道徳も倫理も説かれました。嫁に教えた基本は、「飲む・打つ・買う」夫を許す妻であり、男性に都合のよい女性のあり方を説いたのです。酒を飲んでも博打をやっても女を買う夫であっても、それを許す妻がすばらしいと説きました。そのうえに、女性特有の性格がある（嫉妬深い、おしゃべり、ウソつきなどなど）と説き、女性を貶めました。そういう女性だからこそ、信仰をもつことが大事と説かれたのです。

仏教が説く罪深い女

説教では、因果論で地獄に堕ちる女は前世に悪いことをしたからなのですが、現世のありようは、罪深い女としても説かれました。これは、仏教の特徴です。神道や修験道などの他の宗教は穢れ多い女としました。もちろん仏教も穢れ多い女とも説いたのですが、罪深い女が強調されました。穢れ多い女は、次章で述べる「女人禁制」に関係しています。「女人禁制」を敷いた天台宗比叡山や真言宗高野山などは、日常生活からはあまりに遠く険しく、参内《さんだい》することは不可能でした。しかし、天台宗や真言宗の檀家である女性に対しては、穢れ多さと罪深さを説きましたし、他の宗派も同様です。

ここでは、浄土真宗を中心に考えます。もっとも典型的に罪深い女を説き、多大な影響を与えたのは、蓮如です。すでに引用した『御文（御文章）』ですが、重ねて引用します。次のように女性を特化しています。

この罪悪深重のあさましき女人の身をもちてさらへば、その信心とやらんをききわけまいらせて往生をねがひたく候よしを、かの山中のひとにたづねまうしさふらへばしめしたまへるをもむきはなにのようもなく、ただわが身は十悪五逆五障三従のあさ

ましきものぞとおもひて

おおよそ当流の信心をとるべきをもむきは、まづわが身は女人なればつみふかき五障三従とてあさましき身にて、すでに十方の如来も三世の諸仏にもすてられたる女人なりけるを、かたじけなくも弥陀如来ひとりかかる機をすくはんとちかひたまひて、すでに四十八願をおこしたまへり。そのうち第十八の願におひて、一切の悪人女人をたすけたまへるうへに、なお女人はつみふかくうたがひのこころふかきによりて、またかさねて第三十五の願になお女人をたすけんといへる願をおこしたまへるなり

女人の身は、五障・三従とておとこにまさりてかかるふかきつみのあるなり。このゆえに一切の女人をば、十方にましますﾞ諸仏も、わがちからにては、女人をばほとけになしたまうことさらになし。しかるに阿弥陀如来こそ、女人をばわれひとりたすけんという大願をおこして、すくいたまうなり。

それ一切の女人の身は、人しれずつみふかきこと、上臈（じょうろう）にも下主（げす）にもおらぬあさましき身なりとおもふべし（以上、傍点は筆者）

しかし一方で、「それ十悪五逆の罪人も五障三従の女人も　むなしく十方三世の諸佛の悲願にもれてすてられたる我等ごときの凡夫なり」「そもそも男子も女人も罪ふかからんともがらは」などと、女性だけを特化しないいい方もしています。こういういい方をもって、「女人に代表されるわれらをいったのである」「けっして女性差別ではなく、女性に見立ててすべての人間のことをいっている」と、蓮如の女性差別をいわない人がいます。蓮如のことばを女性差別といいたくない教団が説いてきたトリックです。

わたしは、実際にそのことばを浄土真宗の男性僧侶から聞きました。講座を聞きに来て、講座の場でいう人もいれば、あとでわざわざわたしのところへいいに来る人もいました。講座の場でいう人の場合は、主催者が気の毒そうに「他の講師の講座ではいわない人なんですが…」と、わたしを慰めてくれました。また、「講座が盛り上がります」と肯定的にいってくれる主催者もいます。

教団が蓮如をそれだけ守らなければならないのは、いったいなぜなのかわたしにはわかりません。蓮如や教団ではなく、その人個人の何かを守ろうとしているのかもしれません。蓮如が女性を特化してここまでいったのは、蓮如の女性観を表しています。そういう罪深い女性でも阿弥陀仏によって救われると、いくら最後に説いたところで、女性が「どうしてそこまで罪深いといわれなければならないのか」という問いを消すことはできません。

現世《げんぜ》利益《りやく》信仰

業論《ごうろん》の因果論は、現世利益信仰につながります。よいことをすればよい結果となり、悪いことをすれば悪い結果になるという考えは、迷信を信じることで、自立的な生き方を阻害していくことになります。人間は弱いですし、人生のなかでよいこともあれば、悪いこともおこります。悪いことがおこらないことを願うのは、すべての人にありますが、悪いことがおこらないように信仰にたよるのは、宗教的な自立を欠いていると、わたしは思います。

重い病気になったとしましょう。「なぜ、こんな病気になったのだろう」と自問します。そのとき、ふっと思い浮かぶのが、「水子供養をしていなかったから」「先祖供養をしていなかったから」という理由に行き着く人がいます。これからでも遅くないからお札《ふだ》を買うとか、実際に水子供養や先祖供養をする人もいます。

わたしは、実際にお札を買ってきた人を目の当たりにしたことがあります。ずいぶん前のことですが、40代になったばかりのとき、わたしは脳神経外科というたいそうなところで外科手術を受けました。病名はたいしたことのない三叉神経痛です。しかし、三叉神経の2か所を血管が邪魔をしていたので、6時間に及ぶ手術が必要でした。当然、脳神経外科の病棟に入院することになります。手術後すぐは集中治療室にいましたが、2日間ぐらいで6人部屋に戻ったのです。

そこに80代の女性が検査のために入院をしてきました。脳に瘤ができているかもしれないという疑いがあっての検査です。ある日、息子さんが神社のお札を買ってきました。「親孝行の息子でしょ。これで検査は絶対いい結果が出る」というのです。人間はほんとうに弱いです。息子さんの親を思う気持ちもわかります。しかし、お札でよい結果が出るほど人生は甘くありません。わたしが関心をもったのは、お札の値段でした。こっそり女性に聞くと、1万円だと教えてくれました。わたしは思わず、「もったいない」と思ってしまいました。

しかし、そのお札のおかげで、その女性の精神は安定し、不安感がなくなったのです。検査は不安になりますが、彼女は元気に検査に向かいました。その態度は立派というか、わたしには信じられませんでした。あれほど心配していたことが、お札一枚で変化するということが。

明くる日、検査結果を聞きに行くことになり、お札のおかげか元気に病室を出て行きました。ところが、病室に帰って来たときの様子は一変していました。声をかけることができないほどしょげていたのです。結果が彼女の態度に表れていることは明らかでした。意気消沈したまま退院の用意をしていたのです。後日、手術することになり、一度退院することになったのです。

そして、驚くべきことは、手術のための再入院のとき、また元気なのです。今度は何がおこったのかといろいろ想像しましたが、わかりません。彼女は、「ご先祖さんにお願いしたから、手術は絶対成功する」といったのです。それを信じているから、元気なのです。

彼女の姿は、現世利益信仰そのものです。その彼女がわたしのベッドにのぞき込むようにしていったのは、「たいそうな病気だね。よほど前世が悪かったのだろう」でした。わたしは返すことばをもちませんでした。

退院が決まるのは、嬉しいものです。わたしはつれあいの都合で午後にすることになっていました。当日の朝、早くから騒々しく、あちこちの病室から退院する人がいることがわかります。会計に行ったり、荷物をまとめたりする顔がみなほころんでいます。

わたしは午後からなので、何もしないで、みんなの様子をみていました。同室の人がわたしに、「あんた、何をボヤボヤしているの。今日が退院でしょ。退院は大安の午前中にするものよ」といったのです。だから、みんなバタバタと午前中に退院するのかと理解しました。大安云々にこだわらないわたしは、ひとり取り残され、ゆっくりつれあいを待っていました。後述する「六曜」のことです。

第4章

「女人禁制」

一　穢れ

「女人禁制」

「女人禁制」とは、ある領域から女性を排除することです。

わたしは、日本には女性が登れない山があることを知ったとき、最初に思ったのは、「なぜ？」でした。「なぜ、女性が登れないの？」という疑問であり、不思議で仕方がありませんでした。女性として情けないことや腹の立つことをいろいろ経験していましたが、女性だけが登れない山があり得るそのことが不思議でした。

その山は、奈良県にある「大峰山」とわかりました。聞いたこともない山でした。奈良は大学時代を過ごしたので縁がありましたが、そんな山の話を聞いたことはありませんでした。わたしの苦手なことのひとつが山登りなので、山に対する関心はまったくなかったのですが、「女人禁制」ということで、「大峰山」に興味をもちました。その頃、インターネットがあるわけでもなく、どう調べてよいかわかりませんでしたが、地図を開いたことは覚えています。地図で位置と標高をみて、「こんなところへは行けない」と思ったことも覚えています。

その後、「女人禁制」の研究をすることになり、２００３年には、奈良県の女性たちと「大峰山女人禁制」の開放を求める会を結成し、運動を続けています。

これまで「大峰山」の結界門《けっかいもん》まで何度も行きました。最初に行ったときの記憶は鮮明です。女性センターの講座内容が「女人禁制」だったのです。その講師をした関係で受講した人と主催者といっしょに見学に行くことになりました。10月、一泊の予定のフィールドワークです。


参加者はみなで5～6人だったと思います。日程が決まりましたが、わたしの都合で、みなといっしょに電車とバスで行くことができませんでした。夕食をともにする予定で、バスで行くところをタクシーで行くことになりました。

近鉄電車の下市口駅を降り、タクシーに乗る頃はまだ明るかったです。山へ入っていくにつれ、暗くなり始めると同時に集落がなくなり、あたりがみえなくなっていきます。ついに真っ暗になり、街灯ひとつない道を車が走ります。洞川《どろがわ》の宿まで1時間ぐらいと聞いていました。行き交う車もない山道でした。

明くる朝、結界門へ行きました。思ったより結界門（右から左へ「女人結界門」と書かれている）は小さいですが、結界石（「従是女人結界」と刻まれている）は大きいと感じました。せっかくここまで来たし、あたりにはだれもいません。5月3日の「戸開《とあ》け」から9月23日の「戸閉《とじ》め」までが修験者の修行期間です。だから10月はだれもいません。結界門の先は少し鬱そうとした感じで、細い山道が先へ続いていくのがみえます。わたしは、「みんなで結界門をくぐろうよ」と誘いました。何歩か結界門を越えたら、「何か霊気を感じる」「空気が違う」というみんなのことばに、わたしは驚きました。結界門のこちらとあちらの空気が違うわけがありません。事実、わたしは何も感じませんでした。空気が違うと感じさせるものが、「結界門」なのです。女性をここから閉ざす、排除する意味の大きさを知りました。

では、何を理由として女性を排除するのでしょうか。

宮廷儀礼

「女人禁制」の大きな理由として、①血の穢れに対する不浄観、②仏教の戒律、③仏典にみえる女性蔑視思想、④日本民俗の本質に根ざすもの（牛山佳幸「女人禁制」『日本の仏教』法蔵館、1996年）とされたなかで、①がもっとも大きな理由でしょう。修験道の「大峰山」以前に「女人禁制」を敷いた平安仏教の比叡山や高野山は、仏教の「女人五障」がその理由に入りますが、両山には穢れも入っています。現在も残っている土俵上にしろ、祇園祭の鉾の上にしろ、穢れは大きな理由です。

そもそも穢れをいいだしたのは、天皇家です。天皇の権力を増すための装置として、天皇の地位を上げるために、天皇によっておこなわれる儀礼の意味づけが必要だったからです。神道に則った儀礼を「浄なる儀礼」にし、儀礼をおこなう「場」も浄にしたのです。「浄」をさらに強化するには、その真逆の「穢」を対比させることでした。儀礼をおこなう天皇が浄、その場も浄とすることによって、天皇の権威が増大するのです。

穢れとしたのは、死と月経と出産です。怪我をしたときに出る血を問題にしたわけではありません。女性の月経と出産に伴う血です。つまり、女性の血の穢れです。死の穢れも明確にされたので、死と女性の血の穢れといったほうがよいかもしれません。

浄なる領域からそれらを徹底的に排除することが、浄なる領域と天皇を浄化し、権威づけました。『延喜式』（９２７年）により、穢れなる期間が決められました。しかし、７８８年、最澄の開創による比叡山、８１６年、空海の開創による高野山は、期限を定めることなく、「女人禁制」を敷きました。天皇家の儀礼は期限つきですが、女性は仏教によって、期限なしの穢れた存在とされたのです。

期限が決まっていた天皇家の儀礼も現在は期限に関係なく、女性皇族が参列できない場合がこのたびの天皇の即位で判明しました。「平成」から「令和」に変わる天皇の即位「剣璽《けんじ》等承継の儀」に、女性皇族は参列できませんでした。この決定は、式典委員会（安倍晋三首相が委員長）が議論をすることもなく、前例踏襲というかたちをとりました。女性の穢れの意味は存在しないと思われますが、なぜ、女性皇族を排除したのか、その意味はわかりません。

「女人禁制」の特殊な例として、天皇の地位を挙げることができます。1889（明治22）年に制定された『皇室典範』により、天皇は男子のみとされ、女性は排除されました。戦後の『皇室典範』も戦前と同様であり、今なお女性が排除されたままです。国連の女性差別撤廃委員会から女性差別であると指摘されています。天皇の即位の儀礼のひとつに女性が排除されることもあわせて問題視されてよいと思います。

二　「女人五障」も「女人禁制」

「女人五障」も「女人禁制」

すでに述べた仏教の「女人五障」は、仏教において女性が「仏に成れない」という重大な女性排除です。すべての人が仏に成るという仏教が、「女人五障」として女性を排除しました。「女人五障」がインドの経典に表れるのは、『中部経典』であり、『中部経典』は漢訳の『中阿含経』にあたります。前掲の『仏教と女性―インド仏典が語る』に詳しく記されています。では、女人五障説はいつ頃出現したのでしょうか。前掲書によると、紀元前3世紀頃から顕在したといいます。釈尊が亡くなってから百年以上経ってから出現したことになります。前掲書には、「仏弟子の間で、釈尊の生存中や滅後でも身内のもの、息がかかっている弟子などが生存しているうちは言えなかったこと、その間くすぶっていた不満、口に出せなかった反感などが外に出てくるようになるものである。その一つの現れが女人五障説ではなかったか。いかにも釈尊が説いていたかのように仕組んだのではないかと考えられる」と記します。つまり、釈迦の言説ではないということです。

「女人五障」については既述しましたが、経典制作者について考えてみたいと思います。彼らは、釈迦が説いた教えとして書いたのですが、大乗経典の多くは、「如是我聞」から始まり、「釈迦から聞いたことを記す」意味があります。経典制作者自身の女性観は明白です。「女性を成仏する対象から排除した」ことは事実です。経典制作者は、仮にも釈迦の教えの通りにさとりをひらこうと出家した仏教者であったと考えられます。仏道を歩み、釈迦の教えを広めようと活字化したのが、経典です。経典制作中に、「不満や反感」で、「女人五障」を書く理由にしたとは、あまりにも浅薄ではないでしょうか。

釈迦滅後、女性の出家者もおり、さとりをひらいた事実は、原始経典(『テーリーガーター』)として残っています。「女人五障」を著した経典制作者は、女性がさとりをひらいた事実をどのように捉えたのか、理解に苦しみます。ただいえるのは、女性を差別したことは間違いありません。

法然によって知る「女人禁制」

友人二人と出版した『性差別する仏教』（法蔵館、1990年）は、わたしにとって、フェミニズムの視点で仏教の女性差別を記した最初の本でした。出版が決まり、いよいよ書店に並ぶときになり、三人は仏教学界への対応を錬りました。仏教をフェミニズムの視点で批判する本は初めてなので、批判が出た場合にどんな対応をするかの相談でした。具体的な批判や質問を想定し、その回答を用意しました。しかし結果は何もなく、無視されただけでした。拍子抜けとはこういうことをいいます。

その本に「女人禁制」を書いていますが、「大峰山」のことはまったく書いていません。まだ知らなかったのです。では、何から「女人禁制」を学んだかというと、法然からでした。法然の著書『無量寿経釈』によりました。

この日本国にさしも貴《とうと》き無止の霊地霊験の砌《みぎ》りには、皆悉《ことごと》く嫌はれたりと云々。

先づ比叡山はこれ伝教大師の建立、桓武天皇の御願なり。大師自ら結界して、谷を堺《さか》ひ、峯を局《かぎ》って、女人の形を入れず。

まずは、比叡山を挙げて、その理由を次のように述べます。

五障の雲聳《そび》ゆることなく、一味の谷深くして、三従の水流るることなし。

これは、女性が「五障三従」の身であることを表しています。

次に、高野山を挙げます。

高野山は弘法大師結界の峯、真言の上乗繁盛の知なり。三蜜の月輪普く照らすといへども、女人非器の闇を照らさず。五瓶の智水等しく流るといへども、女身垢穢《にょしんくえ》の質には灑《そそ》がず。これ等の所において、なをその障りあり。

比叡山、高野山は、女性は仏になる器ではなく、五障の身であることをいい、穢れの存在であるといっています。

法然は、比叡山、高野山に続いて、東大寺、崇福寺、金峰山、醍醐寺などが「女人禁制」であることを批判しています。つまり、女性が五障であること、三従であること、不浄であることを理由に「女人禁制」を敷いている寺院を批判しているのです。

奈良県の「大峰山」を知ったのは、この後すぐです。（「大峰山」については、『「女人禁制」Q&A』『現代の「女人禁制」』『いつまで続く「女人禁制」』（いずれも解放出版社）を参照してください）

第5章
親鸞思想とわたし

一　親鸞との出逢い

子どものころの思い出

小学生のときに嫌だったことは、70歳を越えた今も忘れることができません。それが一つや二つではないから困ったものです。

フェミニズムに関することをひとつ挙げておきたいと思います。家制度のところでも書きましたが、弟が生まれたとき、曾祖母が近所に「男の子が生まれた」と触れ回ったことです。わたしが生まれたときは喜んでもらえなかったのだと真剣に悩みました。寺を継ぐ長男の問題に発展していったのです。

親鸞に関係することは山ほどあります。二～三にとどめておきます。

わたしが何か悪いことをしたとき、わたしを叱る父は、わたしを本堂へ連れて行きました。阿弥陀像の前で正座させられ、「阿弥陀さんの前で、ほんとうのことがいえるだろう」といって叱りました。「ウソはいえないだろう。もう逃げられないだろう。今後絶対にしてはいけないことだ」といわれ、わたしは「ウソはいいません、もう逃げません。今後いっさいしません」と答えていました。しかし、心からそういうことばを発していなかったことは、明白です。涙声で答えながら、「どこかやり方が卑怯だ」と思っていたのです。

当時、どこの家も貧しい状態であり、わたしの家も同様でした。貧しいながらも友だちは、それなりの雛祭り、子どもの節句、七夕などの行事を家でしてもらっていました。わたしの家はそういう行事がいっさいありませんでした。「仏教の寺であり、親鸞の教えに生きている家だから」と父がいったのです。

秋の神社の祭りは屋台が出て、それが楽しみで友だち同士は行っていました。一度親に黙って友だちと行き、楽しかった思いを抱いて帰ったとき、それがばれてしまい、ひどく叱られました。「寺の娘が神社の祭りに行くとは何ごとだ」というわけです。「あんなに楽しかったのに、なぜ、わたしだけがダメなの」と何度も自問し、父を怨みました。

また、わたしはケーキが大好きです。和菓子にはいっさい目が向きません。それは現在も続いています。どれだけおいしい和菓子でも食べたいとは思わないのです。これは、小学校中学年の頃のできごとが現在のわたしのスイーツ感覚を形成したといっても過言ではありません。

12月24日、クリスマスイブの日です。学校帰りかそのあとか覚えていませんが、食料品を中心においているいつも利用するお店に白いケーキが並んでいました。初めてみたクリスマスケーキです。バターケーキであると知ったのはあとのことですが、クリスマスケーキであることは間違いありません。食べたくて食べたくて仕方がありません。まず母にお願いし、買ってほしいと頼みました。「お父さんに聞きなさい」が口癖の母はいつものように答えました。仕方なく父のところへ行って、買ってほしいとお願いしました。思った通り期待した答えは返ってきません。「ダメだ。うちはキリスト教ではない。仏教の寺だ」といういつもの答えでした。わかっていながら情けなくなり、シクシクしていました。

夕方になり、父が洗い桶にいっぱいの雪を入れてきました。その頃の季節には根雪になるほどの雪が積もっています。その雪の中に塩を入れると、雪の温度が下がります。父は茶筒をもってきて、そのなかに牛乳、卵、砂糖を入れ、かき混ぜました。蓋をした茶筒を雪のなかに突っ込み、両手で回し始めました。一生懸命回す父がいました。傍らで何ができるかを弟とわたしはみていました。

何分ぐらい経ったかは覚えていませんが、父はできあがった茶筒をみせてくれ、「うちはキリスト教ではないからクリスマスケーキを買うことはできない。その代わりにアイスクリームをつくったから、これで我慢しなさい」といったのです。喜んですぐに食べたらよかったものを、悔しい思いをそのときまで引きずっていたわたしは、即座に「そんなものはいらない。わたしはあのケーキが食べたかった」といって、プイと二階へ上がっていきました。

しばらくしてから、父が悲しんでいるだろうな、という思いにかられました。せっかく代わりのアイスクリームを汗をかくほど両手で回してつくってくれたのに、そのいっさいを否定したわたしは落ち込みました。しかし、それでもケーキが食べたかったのです。それ以来、ケーキ好きになったのです。

実際には、当時のお店で売られていたバターケーキより、父がつくったアイスクリームのほうが美味しかったかもしれません。わたしは父がつくったアイスクリームは一口も食べなかったし、それ以来、父がアイスクリームをつくることもありませんでした。

「浄土真宗の寺である。親鸞の教えに生きている」という父のことばはこたえました。父は広島備後の寺の生まれであり、浄土真宗の教えが行き渡っているところで育ち、親鸞の教えに生きようとしていたのです。

恩師との出逢い

龍谷大学大学院で真宗学を学ぶことを決めたわたしは、そこで大きな出逢いがありました。恩師信楽峻麿先生との出逢いです。そして、団塊世代のわたしは、学園闘争で荒れるなか、教育大学の仲間と読書会をもちました。そこに、ゼミの教師の阿部正雄先生が参加されていたことは大きいことでした。「人間とは何か」「生きるとは何か」を問う読書会でした。これまできちんと勉強してこなかった親鸞を一から勉強しようと思い立つことを、わたしに決意させてくれた読書会でもありました。

自分から勉強しようと初めて思ったことを賛成してくれないのが、父でした。その理由は、「女の子が大学院まで行ったら、嫁のもらい手がない。結婚ができなかったら不幸になる」という娘を思う当時の男性意識を丸出しにして、わたしが大学院へ行くことに反対したのです。傍らで黙っていた母に聞いても、母は何もいいません。「父親と同じ考えなんだ」と、自分の考えをいわないことに腹が立ちました。これは、後にわかることですが、夫に逆らえない妻の立場でしか生きられなかった母の限界だったのです。わたしは、親の反対を押し切ってでも勉強したくて、祖父母に頼んで学資を出してもらい、親鸞を学ぶことにしました。

わたしは、信楽先生から親鸞思想の影響を多大に受けました。先生の親鸞理解は、先生の信心です。それがまた親鸞の信心だと受け止めて間違いないと確信できました。

結論を先取りすれば、親鸞思想とフェミニズムは重なるところが多くあります。「ひとえに親鸞一人《いちにん》がためなりけり（『歎異抄』のことばは、阿弥陀仏はわたしひとりのためにあるという親鸞の信心の表明をいう）」とフェミニズムの「個の確立」は重なり、わたしのよりどころとなっています。

わたしが親鸞思想によって立つところをもつことができたのは、信楽先生のおかげです。先生には公私にわたってお世話になりました。ゼミでの学び、その後の学びからは、人間として生きる厳しさを学びました。一方、結婚や離婚など、うれしいときはともに喜んでもらいましたが、悲しいときやしんどいときの相談やグチを静かに聞いてもらい、涙してもらった先生には、その優しさも学びました。

２０１４年9月、先生の訃報を知ったあと、わたしは落ち込み、喪失感に驚きました。父の死よりも大きいことがショックでしたが、わたしの人生に大きなかかわりがあった証だと納得しました。その喪失感を埋めるために、わたしは先生の著書を片端から読みました。これだけ集中して先生の本を読んだのは、初めてでした。読みながら、親鸞の教えにかける先生の姿勢を再確認しました。そして、わたしの思想を揺るぎないものにしたいと思いました。

わたしが読んだ先生の著書は、遺稿集もそのなかに入っていますが、『教行証文類講義』九巻（法蔵館）と『歎異抄講義』二巻（法蔵館）です。先生の親鸞の原文の引用は、わたしが大学院から学んだ『真宗聖教全書』（大八木興文堂、１９６７年版）です。久しぶりに傍らに置いて原文を確かめながら読みましたが、当時の男子学生に負けない勉強をした形跡が各所にみられ、懐かしかったです。

先生のことばでわたしが好きなものが数多くあります。書き出せばきりがないので、いくつかにとどめます。

「そういう厳しい逆境において、それを糧としてこそ、私の心体験が試され、よく育てられて、まことの自立をはたしえたわけで、いまにしては、そのこともまた、ありがたい仏縁であったと思うことです」

「めざめ体験」「自由人」「自在人」（仏に向かって成っていく人をいう）

「自己自身に由《よ》って立つ、自己自身においてある」

「まことの自己自身に成る、まことの人格主体を確立していく」

「宗教というものは、どこまでも個の立場、一人ひとりの立場に立つものであって、その人間のまことの在りようを問い続けることにより、新しい人間成就、確かなる人間の自立、その生命のまことの完結をめざすものです」

以上のようなことばによって、親鸞の仏教を理解していく先生です。それらは、親鸞について書いている多くの人がいますが、その人たちには見いだせないことばです。仏教のことばを使っていないところが、わたしの親鸞理解につながっているのです。

そうしたことばの具体的な内容が、次に掲げる人生を生きる世俗の親鸞の考え方です。もちろん、親鸞の信心を示しています。その考え方を身につけたいと一生懸命我がこととして捉えてきました。

二　世俗と仏法

親鸞の国王不拝

わたしにとって親鸞の魅力を凝縮すると、これから挙げる「国王不拝」「父母不拝」「六親不務」「神祇《じんぎ》不拝」と親鸞の死体観です。

まず、「国王不拝」から論じることにします。

この原文は、『教行信証』化身土巻です。親鸞は、『菩薩戒経《ぼさつかいきょう》』（5世紀頃に中国で成立した経典、大乗の菩薩戒を明かした）を引用して、「出家の人の法は、国王に向かいて礼拝せず」といいます。「出家の人、仏教の教えは、国王に対して礼拝しない」という意味です。

国王とは、君主だったり、ときに天皇だったり、政権の中枢者だったりします。つまり、権力、権力者です。政治権力がもっともわかりやすいですが、権力とは、政治権力だけではありません。宗教は権力を否定すると考えられがちですが、宗教にも権力構造があります。第1章の東本願寺の宗務総長の地位は権力そのものです。

親鸞は、そういう政治権力を含めた権力に礼拝しないというのです。しかし、浄土真宗の歴史は、権力を礼拝し随順した歴史をもっています。そのときのいい訳が、「出家の人といっているので、浄土真宗にはあてはまらない」とか「最後の神祇不拝をいうためであって、国王不拝は関係ない」としてきた歴史があります。それならば、なぜ、親鸞が『菩薩戒経』を引用したかの意味をなしません。親鸞自身の考えに国王を代表する権力に礼拝しないという確固たる意思があったと考えるべきです。

宗教と権力の関係について、宗教は権力を否定するべきだと思います。教団がつくられたために、宗教者が権力の座に就くことが可能になりましたが、権力の座に就いてなお権力を絶対化しないことができる宗教者が真の宗教者でしょう。非常にむずかしいことだと思いますが、請われて権力の座に就いてもその権力によって支配したり権力を行使しない努力はできるはずでしょう。そうあってほしいと思います。

宗教が、とくに仏教が教団を組織してきたことで、仏教の教えは伝播されてきました。しかし、仏教者が教団を維持するために権力を行使してきた歴史は否定できません。親鸞は権力者に礼拝しないといったのです。教団ができ、大きくなり、組織を維持するために親鸞の教えからはずれたり、歪められたりしました。例えば、親鸞が書いた主著『教行信証』のある部分が削除されることが戦時中にありました。権力者によって都合のよいことがおこなわれたのです。

戦時教学

信楽先生にとって、教団成立以後の覚如（1270～1351年、親鸞の曾孫）、存覚（1290～1373年、覚如の長男）、蓮如（1415～1499年、本願寺第八代）などの教学が許せなかった理由は、親鸞とは異なる教学を標榜し、信者に伝えたからです。先生の批判は鋭く、許せなかった思いが伝わってきます。

そして、時代が近代に入って先生が批判されるのが、「戦時教学」です。先生の批判を聞いたり読んだりしていつも思うのは、親鸞の教えと異なることは絶対に許せないという怒りです。先生がほんとうに伝えたかったことは、親鸞の教えです。親鸞は何を伝えたかったのかを明らかにしたいのが、先生の信心であり、研究であり、生きざまでした。それは、それぞれの人がいかに生きるかを示唆するものです。

親鸞の教えに反する戦時教学もまた、教団が保身のためにつくり出したものです。すでに先生の本に詳しいので、わたしは繰り返しませんが、所謂「真俗二諦論」といわれます。真俗二諦論とは、簡単にいうと、真諦と俗諦をふたつに分け、真諦は、仏法を意味し、俗諦は王法を意味します。

1886（明治19）年、本願寺派の「宗制」には、「一宗の教旨は、仏号を聞信し大悲を念報する、之を真諦と云ひ、人道を履行し王法を遵守する、之を俗諦と云ふ。是即ち他力の安心に住し報恩の経営をなすものなれば、之を二諦相資の妙旨とす」（信楽峻麿『教行証文類講義』化身土巻）と定めました。そして、その二諦の関係は車の両輪のようにふたつが同等の力をもつと説いてきました。とくに戦時において、真諦は俗諦に統合帰一すると説きました。つまり、天皇に統合帰一するのが仏法だというのです。天皇に随順して生きること、服《まつろ》うことが真宗信者の信心のありようだといったのです。

戦時におこなわれた教学者の真俗二諦論と同様に、西本願寺教団がおこなった最大の過ちは、聖典を拝読・引用してはならないとしたことと聖典削除です。親鸞の『教行信証』化身土巻の文を削除したのです。

前者の拝読・引用の不許可の文は左記の通りです。

出家の人の法は、国王に向かひて礼拝せず、父母に向かひて礼拝せず、六親に務《つか》へず、鬼神を礼せず

そして、削除された文は左記の通りです。親鸞の主著を削除することは、教団の犯罪といっても過言ではないと思います。

主上臣下、法に背き義に違し、忿《いかり》を成し怨みを結ぶ

この文章の後に次の文が続きます。

これによりて、真宗興隆の大祖源空法師ならびに門徒と数の輩《ともがら》、罪科を考へず、猥《みだ》りがわしく死罪に坐《つみ》す。あるいは僧儀を改めて、姓名をたまふて遠流《おんる》に処す。予はその一なり。しからばすでに僧に非ず俗に非ず、この故に禿《とく》の字をもって、姓となす

真俗二諦論などの教学が出てくるはずもない親鸞の思想は、教団によって時代に忖度することで踏みにじられたのです。ちなみに、わたしが大学院へ入学して購入した『真宗聖教全書』(1967年)は、「主上」が空白のままです。わたしが鉛筆で「主上」と書き込みました。「主上」は、削除された当時は天皇を指します。天皇に向かって礼拝しない親鸞の思想は、権力に阿《おもね》ない、追従しないことです。

この問題の結論を信楽先生のことばでまとめます。わたしへの教訓として受け取りたいと思います。

「アジア・太平洋戦争のもとで、真宗の学者たちは、自分の信心を喪失して、天皇と阿弥陀仏

とは同じであり、天皇の詔勅と釈尊の教言は重なる、天皇の影像に向かって念仏し礼拝せよ、といいましたが、そのことはまさしくこの『菩薩戒経』の文を削除しその経意、そしてまた、親鸞における引用の意趣を、まったく見失っていたことによるものにほかなりません。私たち念仏者は、今後とも、この『菩薩戒経』の教文の教誡《きょうかい》を、大切にして歩んでいきたいものです」（『教行証文類講義』化身土巻、２７１頁）

父母に向かいて礼拝せず

仏教が檀家制度をつくり、葬式仏教といわれるようになって久しくなります。寺が葬式をおこない、祖先供養のための法事を執りおこなってきたことは事実ですので、その中身を問うことは大事です。しかし、親鸞の思想には祖先供養はないのです。

「父母に向かいて礼拝《らいはい》せず」は、『歎異抄』の「親鸞は、父母《ぶも》の孝養《きょうよう》のためとて、一辺にても念仏まふしたること、いまださふらはず」と同じ意味です。父母への孝養は、儒教のいう孝行ですが、儒教はこれまで書いたように父母とならず、基本は父のみです。そして、生きているときよりも父の死後の孝行が重視されます。

その点、親鸞の時代でも日本の場合は、父母となり、生前と死後にわたる孝行を意味したといえます。ここで親鸞がいわんとしたのは、生前というより死後の孝行をいっていると思います。死者儀礼、とくに父母と限定するのは、もっとも大切な人の死者儀礼をどう考えるかの提示です。死は順序通りにはいきませんが、それでも多くは父母が先に逝きます。つまり、家族、大切な人の死者儀礼をどう考えるかの問題と捉えてよいと思います。

親鸞にとっては、「礼拝しない」「念仏申さない」なのです。死者儀礼をしないということです。これは、なかなか大変なことです。中国の影響を受けた日本の仏教は、死者儀礼をおこなってきました。今なおそれは教団を支える寺のもっとも大きな収入源であることは、疑いがありません。そして、子どもの頃にわたしが近所の子にいわれた「おまえんとこ、人が死んだらもうかる」は、生家の場合、儲かるまではいきませんでしたが、間違いではありませんでした。小さい寺で貧乏であっても事実なので、わたしは何も反論できませんでした。真摯に仏道を歩んでいる仏教者がいないわけではありませんが、葬式によって生活が成り立っていることは事実です。

しかし、親鸞は本来の仏教の立場に立っています。「親鸞においては、念仏をもうすことも読経することも、それがこの世俗にかかわる自己自身の意向、願望に基づくものであるかぎり、それは仏法に背くところの、錯誤の行為でしかない」（『前掲書』３６５頁）という信楽先生のことば通りです。

日本の仏教はどうあるべきかが問われています。わたしは親鸞の思想に生きたいし、それを実践したいと考えています。しかし、寺に生まれ、生家は死者儀礼をおこなう弟がいます。寺を否定することも弟を批判することもできないわたしがいます。

六親に務《つか》えず

親鸞の思想は、「六親に務《つか》えず」へ続きます。六親とは、『広辞苑』によると、父・子・兄・弟・夫・婦。または父・母・兄・弟・妻・子をいいます。つまり、近い親族をいうので、家族と考えたらよいと思います。しかし、『広辞苑』の意味に姉や妹が家族に入っていない点はジェンダーの視点を欠いています。現在なら、「きょうだい」とすべきです。

親鸞の「務える」とは、「つとめる」という意味であり、仕事とか役割をいいますから、家族の関係を務めないというのは、どういう意味になるのでしょうか。

親鸞が考える家族関係は、国王や父母のときの不拝ではありません。親鸞は妻帯し、子どもをもち、家族をつくりました。仏教者として戒律に反する生活を送ったのです。そういう家族関係に「務えず」というのは、世俗的な家族関係さえ出世間的に捉えることができます。親子関係、夫婦関係、きょうだい関係を出世間的に捉えるとは、家族の上下関係をつくらない。支配や命令や服従などの関係を否定すると考えたいです。

「微塵界《みじんかい》の有情《うじょう》、煩悩海に流転《るてん》し、生死界に漂没《ひょうもつ》して」とか「愛欲の広海に沈没《ちんもつ》し、名利《みょうり》の太山《たいせん》に迷惑《めいわく》して、定聚《じょうじゅ》の数に入ることを喜ばず、真証の証に近づくことを快《たの》しまざることを、恥《は》ずべし傷《いた》むべし」（『教行信証』信巻）とした親鸞なのです。だから、息子の善鸞が親鸞と異なる教えを布教したとき、義絶（親子の縁を切る勘当）できたのです。信心に生きる、仏教の教えに生きる親鸞にとって、その生活ができない子どもなら、縁を切ることも厭わなかったということです。「恥ずべし傷むべし」の親鸞は、「六親に務えず」といえたのです。

わたしは、人を愛することをよしとして生きてきました。親鸞は人を愛したから、「愛欲の広海に沈没」したといいながら、絶対化しなかった人です。仏法に生きることがいかにむずかしいかを知らされます。

神祇不拝

この問題は、わたしにとってそんなにむずかしいことではありません。しかし、世の多くの人は神をたのんだり、迷信に頼ったりします。しきたりや慣習といわれて、それをおこなう場合もあります。

親鸞が引用した『梵網経《ぼんもうきょう》』には、「鬼神《きじん》を礼《らい》せず」となっています。鬼神とは、死者の霊魂と天地の神霊をいいます。

親鸞の「鬼神を礼せず」を「神祇《じんぎ》不拝」と簡単明瞭にいっています。親鸞にとって、当時の宗教者を含める多くの人々が神や占いなどに頼っていることが許せなかったのです。『正像《しょうぞう》末《まっ》和讃』に次のように詠みます。

五濁《ごじょく》増のしるしには
この世の道俗ことごとく（道俗とは僧侶と俗人）
外儀《げぎ》は佛教のすがたにて
内心外道《げどう》を帰敬《ききょう》せり

かなしきかなや道俗の
良時吉日えらばしめ
天神地祇《てんじんちぎ》をあがめつゝ
卜占《ぼくせん》祭祀をつとめとす（卜占とは占い）

外道・梵士《ぼんし》・尼乾志《にけんし》に（外道は仏教以外の教え、梵士とはバラモン教徒、尼乾志とはジャイナ教徒）
こゝろはかはらぬものとして
如来の法衣をつねにきて
一切鬼神をあがむめり

かなしきかなやこのごろの
和国の道俗みなともに
佛教の威儀をもと丶して（威儀とは仏教の規則に基づく行為、作法）
天地の鬼神《きじん》を尊敬《そんきょう》す

親鸞の時代、仏教者も一般の人も時や日を選んだり、占いをおこなっていました。それを親鸞は否定するのです。

ここで、わたしが問題にしたいのは、「魂を入れる・抜く」の問題です。「性根《しょうね》を入れる・抜く」（ごていねいに「お性根」）ともいわれます。親鸞の和讃でいうと、「佛教の威儀」にあたり、「鬼神」の問題として考えられます。「魂を入れる・抜く」の問題は、親鸞の時代にはなかったと思います。いつからいわれているのかも定かではありません。わたしは若いときには知りませんでしたし、いつごろ知ったかも覚えていませんが、関西に来てからフェミニズムに出逢い、葬送の問題に関心をもちだしてからだと思います。

どんなときに使うかというと、仏壇を新しく買ったとき、墓を建てたときに「魂を入れる」（「性根を入れる」）といい、仏壇終い、墓終いをするときに「魂を抜く」（「性根を抜く」）といい、僧侶に読経をしてもらっています。葬送に関する講座で驚きましたが、ほとんどの人が疑いもなくおこなっています。少し違和感がある人でも、「お坊さんがいうのでやった」といいます。

それをやらないと、「何となく不安になる」「やってもらわないと落ち着かない」「死者に失礼になる気がする」「何か悪いことがおこったら」などの思いからおこなっているというのです。ところが、「どんな魂なの?」と聞いて、答えられる人はひとりもいません。ある知人は、「先祖の霊だと思っていると思うよ。だから、しなかったら祟《たた》ると思っているのでは」といいます。多分そうなのだろうと思います。

そうした不安感は、人間の弱いところをついた巧みな手法によって成り立ちます。先祖の祟りもいつ頃からいうようになったのでしょう。生前に関係をもったこともない先祖が、どうして祟るのかわかりません。祟り信仰を伝えたのは、仏教者です。

その祟り信仰に基づくのが、「魂を入れる・抜く」になり、僧侶に読経をしてもらうことで安心するのです。僧侶へのお布施は「安心料」なのでしょう。「魂を入れる・抜く」をだれがつくったかはわかりませんが、人の弱みにつけ込んで、利益を得る人がつくったに違いないでしょう。多くの人が信じてしまうほど一般化しているのは、問題だと思います。こうしたことが「しきたり・慣習」となって伝わっていくのは、嘆かわしいことです。親鸞の「神祇不拝」が浸透することがいかにむずかしいかを知ります。

靖国の神（靖国神社の英霊）

近代国家がつくった神である靖国神社の英霊も、親鸞のいう神祇にあたると考えられます。戦争で戦って亡くなった人を国家が祀ることは、1868（慶応4・明治元）年に勃発した戊辰《ぼしん》戦争から始まりました。薩摩・長州連合軍と幕府軍の戦いで勝った朝廷方のみ、天皇に与したものだけが祀られる仕組みです。それは勝ち負けに関係なく、天皇方であることが重要です。戊辰戦争が終結した1869（明治2）年、東京招魂社に朝廷方の戦死者が祀られました。国家がつくった神です。

その東京招魂社は、1879（明治12）年、別格官弊社靖国神社となり、そのときの「祭《さい》文《もん》」（祭祀の際に神前で奏する祝詞）は、「明治元年という年より以降、内外の荒振る寇《こう》等を討罰め、服《まつろ》わぬ人を言和し給う時に、汝命等の赤し清き真心を以て、家を忘れ身を擲《なげうち》て、各も各も死亡にし其の大き高き勲功に依りして、大皇国をば安国と知食す事ぞと思食すが故に、靖国神社と改め称へ、別格官幣社と定め奉りて、幣帛《へいはく》奉り齋《いわ》い奉らせ給い、今より後、彌《いよいよ》遠永に、怠る事無く祭り給わんとす」と、靖国神社に改められた理由が明らかにされます。

戊辰戦争を経て新しい国家のために戦死した人を祀る意味が明らかです。「汝命等の赤し清き真心を以て、家を忘れ身を擲て、（中略）大き高き勲功に」よって祀られるのです。靖国神社は、死者の名誉ある行為を顕彰《けんしょう》（功績を表彰）し、戦死者を慰霊するのです。管轄は陸軍省と海軍省であり、宮司は陸軍大将ですから、まさに軍国神社です。

アジア・太平洋戦争で、靖国神社に祀られた人（英霊）は、天皇のために戦った戦死者（戦傷死・戦病死を含む）、満州開拓団員、従軍看護婦などです。その特徴は、国家神道の中核をなし、「国体」（天皇にまつろう道）の象徴です。祭神が他の神社の神と異なり、一般の人です。また、祭神が増えていくのも他の神社にはみられません。

では、国家神道とは何でしょう。神道国教化政策のもとで、神道的な実践を国民統合の支柱としたものです。天皇を神としたので、その天皇にまつろうことを強いた内容です。しかし、『大日本帝国憲法』において、いちおうの信教の自由が明記されていました。そのため、政府は「国家神道は宗教ではない」（神社非宗教論）という解釈に立脚し、神道・神社を他宗派の上位に置くことにし、憲法の信教の自由とは矛盾しないとしました。万世一系・神聖不可侵の天皇が日本を統治すること、国家の中心に存在する天皇と臣民との間に伝統的な強い紐帯があることを前提としたのですが、国家神道を非宗教といえないのは、当然でしょう。

靖国神社の神は、自分の親族がなる可能性が大きかったのです。実際、２４０万を超える神が祀られています。現在は遺族の関係が薄くなっていますが、戦後すぐには、父・叔父・息子・兄弟などが靖国神社に祀られました。靖国神社に祀られることを当然とした親族に神祇不拝といってもなかなか通じません。

個人の宗教をもっていると自覚しているクリスチャンや仏教者などが靖国神社に祀られている親族の名前の取り消しを求めて闘ってきましたが、靖国神社は「一度祀った神はおろせない」と主張し続けています。靖国神社に祀られている神については、親鸞の思想からは否定できます。

遺体観・遺骨観

2017年に著した『自分らしい終末や葬儀の生前準備―「生老病死」を考える』（あけび書房）に書きましたし、わたしの周りの人には話していることですが、最初に聞いたほとんどの人が驚いたことがあります。収骨をしないということです。つれあいの遺骨を拾わなかったわたしのことです。「そんな考えがあるんですか。考えてみたこともありませんでした」と何度かいわれました。すでに島田裕巳が『0葬《ゼロ》』（集英社、2014年）で記していますが、わたしはこれまでに収骨をしなかった人を知りません。

土葬をしていた日本では、遺骨の問題はおこりませんでした。土葬は1年ぐらい経って遺体や棺が腐ったあと、その目印に墓石を建てました。墓石も裕福な人はお金をかけたでしょうが、家族のなかにはひとつの墓石ですますこともありました。以前の墓石を新しいところへ移動させていく方式です。墓石にお金をかけない方法です。

近代国家によって土葬が禁止され、遺体を焼くことになり、収骨がおこなわれるようになりました。最初の頃には遺骨を土のなかに納めただけで終わっていたと思います。遺骨の意味も国家によって意味づけられました。戦死の意味が重要視され、靖国神社に祀られるとともに、遺骨が大事に扱われるようになりました。アジア太平洋戦争末期、遺骨をもって帰ることができない場合、白木の箱に遺髪や石ころを入れました。それは遺骨を想定するから大事なことでした。

戦後の高度経済成長期には、墓地が少なくなり、価格が上がり、墓石の値段も高騰していきました。それでも家族の死後は遺骨を拾って墓に納めなければならないと、ほとんどの人はあたりまえのように思ってきました。墓の種類は納骨堂や一心寺（大阪）などに変化してきましたが、収骨はあたりまえのことでした。

わたしは、生前のつれあいと元気なときから、死や死後の話をしていました。そのときのふたりに共通していたのは、親鸞の遺体観でした。

某《それがし》親鸞閉眼せば賀茂河にいれてうほにあたふべし（『改邪鈔《がいじゃしょう》』）

覚如（親鸞の娘覚信尼の孫）が著した『改邪鈔』には、「わたしが死んだら遺体を賀茂川に流して魚のエサにしてくれ」という意味を親鸞がいったことが伝えられています。

この文章をふたりとも知っていて、お互いどちらが先に逝っても、遺骨を拾わないと決めていました。だから、先に逝ったつれあいの遺骨を、わたしは拾いませんでした。その話を葬儀社にしたとき、最初は驚かれたのですが、理解してもらえました。

親鸞の遺体観を知る前に、わたしはもう一つの体験をしています。父の遺骨を拾ったとき、一部しか拾わないので、その場で聞きました。「残った遺骨はどうされるのですか」と。「灰にして果樹園の肥料になります」という答えに、「なるほど、それだったらすべての遺骨が肥料になってもいいな」と思い、それが、遺骨を拾わないという考えにつながったのです。

肥料もいいけど、親鸞の遺体観のほうが納得できました。遺体には意味がないことを親鸞はいっています。魚のエサになることは、肥料になる意味と相似しています。

遺体に意味がないという親鸞の考えは、遺骨にも意味がないということでもあります。わたしは、その思想に全面的に賛同したのです。遺骨を拾わないからといって、亡くなった人を粗末にすることではありません。わたしにとって亡くなったつれあいはほんとうに大切な人であり、わたしから消え去ることもなく、いまだに毎日想う人です。収骨しなくても、墓がなくても、つれあいを忘れることはあり得ません。

つまり、遺骨に意味がないだけなのです。遺骨というかたち、お墓というかたちがわたしには意味がないのです。多くの人は、遺骨を拾わないと聞いたら、粗末にしていると思ったり、祟ったりするのではないかと恐れます。それこそが現世利益信仰であり、神祇信仰です。現世利益信仰や神祇信仰を否定する親鸞だからこそ、遺体に意味を見出さないのです。わたしもその思想と同じでありたいと思っています。

セックス観

ジェンダーの視点で親鸞を研究し始めた当初は、「親鸞の女性観」「親鸞の結婚観」として「女犯《にょぼん》の夢告《むこく》」(「女犯偈《にょぼんげ》」ともいわれる)を取り上げていました。「女犯の夢告」とは、親鸞が9歳で出家し、比叡山で修行していましたが、29歳のとき、比叡山を下りるきっかけとなった夢のことをいいます。『親鸞夢記』(親鸞の門弟である真仏の『経釈文聞書』に「親鸞夢記伝」として引用される)に出てきます。

行者宿報設女犯
我成玉女身被犯
一生之間能荘厳
臨終引導生極楽

（観音菩薩が親鸞に語りかけ、宿業によって女性と性の関係をもつという仏教の戒律を犯すなら、救世菩薩であるわたしがあなたの相手になりましょう。そして、一生の間、あなたをよく守り、臨終のときには極楽世界に導きましょう）

わたしは、この「女犯の夢告」を知って、親鸞が性欲の問題に悩んだこと、妻帯したこと、法然のもとに赴き、在家生活を決心したことなどを書いてきました。1990年代でした。それから約30年経ちました。親鸞については、性・妻帯などのプライベートな問題もつねに意識のなかにありました。しかし、親鸞がプライベートなことについては書き残さなかったので、新たな事実を知ることはできません。

なぜ、プライベートなことを、とくに妻帯に関しては、僧侶として戒を破ったのに、何も記さなかったのかが、ずっと疑問でした。いい訳などしたくなかったのでしょう。また「非僧非俗《ひそうひぞく》（僧でもなく俗人でもない生活をする表明）」に表されていると書きましたが、それは、直接的には、法然門下として流罪（1207年、法然ら専修念仏者への弾圧、「承元の法難」という。親鸞は越後に流罪となった）に遭ったときの表明であり、妻帯に対してではありません。

平雅行は、この「女犯偈」と『覚禅鈔《かくぜんしょう》』（覚禅という平安末から鎌倉初期の真言宗の僧侶が著した）を比較し、その相違点に着目しました。親鸞の女犯が「宿報」であり、「親鸞の意志を超えた、絶対的で普遍的なあらゆる罪業の象徴的表現と化した」のであり、「個別的で相対的な世界から普遍的で絶対的な世界への転換」であるといいます。だから、救済も「観音が直接男を極楽へ導」くから、「観音の慈悲と救済が直接的絶対的なものである」ので、この思想性が「親鸞を法然のもとへと衝き動かした」といいます（平雅行『親鸞とその時代』法蔵館、２００１年、１０６～１０７頁）。

この着眼点は、まさにその通りだと思います。しかしわたしは、平も記していますが、性の悩みの可能性を皆無とはしません。その問題をもう少し掘り下げたいと思います。平が強調するのは、当時の比叡山にも他の仏教界でも妻帯者が多かったといいます。だから平は、親鸞が単なる性欲に悩んだのではなく、「性にまつわる思想性に悩んだ」というのです。「性にまつわる思想性」とは、親鸞をもち上げ過ぎの感があります。20代後半のひとりの男性の性の悩みはわかりません。しかし、「女犯」ということばは、仏教者としての悩みであることは理解できます。比叡山で他の僧が妻帯していようが、仏教界で妻帯が一般的であろうが、そんなことは関係なかったのではないでしょうか。他人は他人です。親鸞にとって、「女犯」が問題であり、仏教者・僧であることが大きな意味をもっていたのです。

親鸞は、この「女犯偈」の夢をみたあと、法然のもとへ行ったのは、事実です。「女犯」について、親鸞は何も書いていないことに着眼したいと思います。考えられるのは、「妻帯した」という事実だけで十分だったということだと思います。破戒が公になることをどのように思われようが、すべて受け入れたのではないでしょうか。そのうえで、性・妻帯・家族の問題を絶対化しなかった親鸞です。そのように思えるようになったのは、わたしの生き方に親鸞が重なったからです。

わたしは、現代において社会的にしてはならない生き方をしました。しかし、そういう生き方をせざるを得ませんでした。妻子ある男性との生活です。ともに生活するという選択をし、外見は「事実婚」でした。それはつれあいが亡くなることで終わりました。その後、親鸞の「女犯」が理解できたと思ったのです。仏教の戒と現代の社会的規範とは大きな違いがあります。それでも、戒に則った生き方、社会的規範に則った生き方を選べなかったこと、つまり、戒を破った親鸞、社会的規範に生きられなかったわたしは重なりました。

親鸞のセックス観は、仏教の戒を破ることでした。1980年代、「親鸞の場合、性行為は自然の道だった。その意味では、親鸞はふつうの男である」と書きました。わたしの人生経験の浅さがそのように書かせたと思います。今読むと、恥ずかしいです。今は、「自然の道」ではなかったと思います。「ふつうの男」ではなかったといえます。セックスは自然の行為かもしれませんが、親鸞にとっては、自然ではなかったでしょう。仏教者として戒を捨てるという反自然の行為を選んだのです。それでも、親鸞は「自然《じねん》の道」を歩んだのです。

わたしはつれあいといっしょに生きることを決め、生活し始めてから、信楽先生に報告に行きました。しばらく黙って下を向いていた先生の声は今でも忘れられません。「うーーん、わかった」でした。わたしは、涙がほおを伝ったことを忘れません。信楽先生がずっと恩師である意味は、ここにもあります。恩師の親鸞理解を、わたしは引き継ぎたいと思っています。

第6章

宗教的自立

日本の宗教に関心をもち続けてきたわたしにとって、ジェンダーの視点で宗教を捉えることはあたりまえのことになり、その視点から、日本人の宗教観も無視することができなくなりました。

「信仰をもたない」「信仰がない」といいながら、宗教的なイベントに躊躇なく参加したり、依存しているのを知ると、「信仰がない」と公言することと一致していないのではないかと思ってしまいます。「信仰をもたない」なら、それなりの生き方があるのではないかと思うのです。

また、信仰をもっている人がその信仰に縛られていることにも納得がいきません。宗教とは、信仰とは、自らを束縛するものではなく、自らを解放するものであると考えます。

信仰のあるなしにかかわらず、宗教を自立的に捉えることを「宗教的自立」として考えたいと思うようになりました。これが、本書の主題であり、わたしのライフワークの大きな目的でもあります。

一　宗教的自立を阻むもの

神頼み

まずは、「宗教的自立」を阻むものについて考え、そして「宗教的自立」とはどうあるべきかを提起したいと思います。

友人から聞いた話をふたつ挙げましょう。どちらも自らをフェミニストと名のり、女性差別の解消を求めて活動している人です。

ひとつは、彼女たちが京都にある北野天満宮を訪れたときのことです。そこに比叡山の阿闍梨《あじゃり》（天台宗で千日回峰行をおこない、「生き仏」といわれている僧）が30～40人ぐらいの弟子を従えて来たそうです。ひとりの僧侶が、境内のなかにいる人に向かって、「ご加護を受ける人は前に出てください」といい、そのフェミニストも他の人といっしょに前に出て、加護を受けたというのです。

もうひとつの話は、あるフェミニストの前に、僧侶が、「あなたの背後に霊がみえる。背後霊として先祖の霊であり、何か呪っている」というようなことをいったというのです。そのとき、そのフェミニストは体が震え、「どうしたらいいでしょう」と問いかけたそうです。たったこれだけの話ですが、前者は受けない、後者は笑い飛ばすのが、宗教的自立だと、わたしは思います。

加護ぐらい受けてもよいし、そういう霊の対処を聞いてもよいと思われるかもしれません。しかし、加護を受けることは、信じてもいない宗教の利益《りやく》に預かることを意味し、現世利益《げんぜりやく》信仰を信ずることになると思います。善因善果悪因悪果を説き、この世でよいことをしたらよい結果が出る、悪いことをしたら悪い結果が出るという宗教を信じていることになります。そういう行為をするなら、「宗教を信じない」とか「信仰をもっていない」と公言してはいけないと思うのです。宗教的自立が果たされていないと思うからです。

後者の問題は、まず霊の存在を信じていることになります。それなら、宗教を信じないといってはいけないと思います。

霊、まして背後霊や先祖霊はだれがつくったのでしょう。そういう僧侶のことばは、弱者への恫喝に近いものです。霊は弱者の弱みにつけ込んで宗教者または仏教者がつくったものであり、それを信じる人から「解決策」を提示して布施をいただくのです。それにはまることは、弱者の側に立つことではなく、そういうものをつくった宗教者側という強者の側に立つことになってしまうのではないでしょうか。

宗教的自立がない人は、葬送に関することをこれまでのしきたりや慣習などに則っておこなってしまいがちです。「おかしい」と思っても、「これだけすめば、次はすぐにはないし、非日常的なことだから」と宗教的なしきたり・慣習を受け入れてしまうのではないでしょうか。

葬送の講座があり、質問を受けました。「檀那寺といろいろなトラブルがあり、墓終いをして檀家を離れようと思うが、未だ許されていない。どうしたらいいのか」と。

新聞にも載っていましたが、離檀料を取る寺があるといいます。檀家を離れる自由は檀家側にあり、それに対して料金を取る寺の意識がわかりません。「離檀料のことをいわれたら、こちらのいい分をきちんといって、それでも聞き分けのないことをいわれたら、裁判にしますといったらよいと思います」と答えました。

先日の講座でも、「そういえば、厄といわれたら気になります」といわれました。男の厄と女の厄に違いがあり、その年齢になると、「厄年」として気になるそうです。

宗教に関することで自らを縛っていることがいかに多いかを知ります。

宗教的自立とは、宗教を信じない人にも、宗教を信じる人にも必要なことだと考えます。宗教の根本からずれていること、迷信と思われること、現世利益をいう内容などについて、それらをよりどころとしない姿勢だと考えます。この宗教的自立は、日本人にはむずかしいと思われます。これまでのフェミニズムはいってきませんでしたが、わたしは、宗教的自立を重要な要素として取りあげたいと思います。

仏教者である親鸞は、信心がある人として宗教的自立を果たしていると思います。

六曜

宗教的自立を阻むものに、六曜があります。そのなかの友引と大安は、多くの人がこだわります。既述した退院を大安の午前中にすることも六曜を信じているからです。大安に結婚式を挙げた人がそのまま幸せな結婚生活を続けているかどうか、現実をみたらすぐに迷信だとわかりますが、なぜ、現代でも六曜を信じているのでしょうか。つくられた歴史を知らないこともその一因かもしれません。

六曜はもともと中国でつくられました。日本に伝来したのは14世紀の室町時代頃です。現在のかたちになったのは、19世紀初頭です。先勝・友引・先負・仏滅・大安・赤口の6種をいいます。六曜は、旧暦の1か月を30日とし、6日を一定の周期とします。旧暦1月と7月の朔日《ついたち》(一日)に、「先勝」をあてはめ、次月から順にあてはめていくだけです。

ここでは「友引」を取り上げましょう。もとは「留引《ゆういん》」ですが、「ともびき」と読んだため、「友を引く」となりました。「留引」は、継続・停滞を表しましたが、現在、「凶事に友を引く」となり、葬儀に友が引き寄せられて死ぬという俗語となりました。

親鸞は日を選ばない、といいました。

かなしきかなや
良時吉日えらばしめ
天神地祇をあがめつゝ
卜占《ぼくせん》祭祀つとめとす

すでに引用した偈ですが、親鸞がいう吉日は、六曜の「大安」にあたります。親鸞の時代に六曜はありませんでしたが、あったとしても親鸞は六曜を否定したに違いありません。

二　宗教的自立とは

宗教における女性差別に対して

経典や親鸞の言説（「女人五障」や「変成男子」）に女性差別があると話すと、かならず反対の意見が出ます。第1章で記した「東本願寺・ギャラリー展における女性差別の問題」もまさにそれに匹敵します。「女人禁制」である「大峰山」の開放運動では、当事者が「伝統」といって、「女人禁制」を守ろうとします。大相撲の土俵上が「女人禁制」であり、女性差別であると主張すると、女性差別ではないと開き直られます。同時に、「女人禁制」を敷いている関係者は、「女性を穢れているなんて思ってもいない」と反論します。そして、多くの人がそれらに同調します。

人権問題として、差別がわかったら、それを解消する方向にいかねばならないことを知っている人でさえ、上記の問題などについては、口をつぐむ人がいます。宗教にかかわる女性差別に対する多くの人の対応のしかたは、わたしの疑問でしたし、今も疑問です。

宗教以外の女性差別は、こういうかたちで開き直ることは現在では考えられなくなってきました。セクシュアル・ハラスメントはそのことばがないときは、女性は「飲み会の緩和剤」といわれましたし、性暴力も被害を受ける側にも問題があるといわれました（現在でもこの神話はまかり通っています）が、女性差別である点に異論は出ません。セクシュアル・ハラスメントや性暴力の加害者が許されることはありません。とはいっても、日本の状況はまだまだ法的には加害者に有利です。

しかし、仏典や親鸞の言説、「女人禁制」については、その関係者は女性差別とはいわないし、多くの人がそれを支持するのです。

その理由こそ宗教的自立がないからだと考えます。フェミニズムは経済的自立、生活的自立、精神的自立、性的自立を掲げました。フェミニズムに出逢った当時、専業主婦であり、経済的に自立していなかったわたしは、あわてました。すぐに経済的自立を目指そうと就職のための活動を始めました。しかし、仏教のなかの真宗学を専門にしているわたしに研究職があるはずがありません。離婚してひとりで生きる決心をしたとき、ひとりなら食べていけると、非常勤講師の道を選ばざるを得ませんでした。そして、学生に教える内容は人権問題だったので、女性の人権を中心にして、そのなかに宗教の問題を入れ込む方法しかできませんでした。

フェミニズムがいう自立とともに、宗教に関係する差別問題には、宗教的自立が必要だと考えるようになりました。信仰（信心）のあるなしにかかわらない宗教的自立です。信仰があっても宗教的自立ができているとは限らないことがわかってきました。また、信仰がなくても宗教的に自立していない人もいることがわかりました。

宗教的自立とは、宗教のなかに存在する差別、それが経典であろうが、宗祖の言説であろうが、差別的表現があれば、差別として認めることができることであるとも定義できます。そのことはすべての差別に通じますが、とくに女性差別に関して強調したいと思います。なぜなら、仏教関係者には、女性差別を認めない人が多いからです。

宗教（仏教）のなかに差別を認めることの困難さ

第1章に記した「東本願寺・ギャラリー展における女性差別の問題」でいろいろなことがわかりました。そして、仏教の経典や宗祖が記したものに女性差別の表現がみられたとき、それを差別と認めないことは、宗教的自立が果たされていないからだ、とわたしは考えるようになりました。

宗教のなかの女性差別を認めることができないのは、経典や宗祖が記したものを絶対化するからです。多くの仏教者が経典や宗祖の言説を絶対化し、女性差別として認めないのか、それがなぜなのか、わたしは理解できません。ある意味で宗教がもつ特徴です。宗教者の多くは、自分が信仰（信心）する宗教がもっともすばらしいとしてきました。宗教を絶対化するという宗教の特徴を、宗教者がつくってきたのです。

それは、自らの信仰（信心）をもつときの経緯にも関係します。宗祖と呼ばれる人も、何かを縁とし、その教えに帰依することによって、自らの信仰としました。例えば、日蓮は『法華経』に、道元は中国へ留学し宗の如浄に、法然は中国の善導に、親鸞は法然にという具合に、自らの信仰（信心）はだれかを師としたり、経典をよりどころとしたのです。

それは、よりどころとしたものを絶対化する意味をもっています。絶対化したものが、自身に合わないところは、自分流に解釈しました。例えば、法然の弟子は、法然とまったく同じとはなっていません。親鸞が法然の教えを伝えるといいながら、異なっています。だから法然とは異なる宗派となり教団ができていったのです。

教団がつくられ、維持していくために、教団は宗祖とする人を絶対化し教化してきました。教団がもっている二面性です。教団ができたからこそ、その教えは続いたのです。しかしもう一方で、教団によって宗祖を絶対化することによって、宗祖とは異なる考えをもつ人が出現しても、宗祖をのり越えることもできず、新しい教団もできませんでした。

親鸞の例でいえば、親鸞の教えを伝えようとした蓮如が親鸞とは異なる教えになっているにもかかわらず、教団によって絶対化されてきました。また、戦時教学も教団によって当時は絶対化され、親鸞の言説の削除までおこなわれました。

そういう教団の事情のなかで、親鸞自身に女性差別の表現があることはわかっていても触れられてこなかったのです。また、蓮如の差別性は明らかですが、それに蓋をしたままか、異なる解釈によって、絶対性を守ってきました。

こうした点を考えると、宗教はある意味怖いものです。人を救う面をもちながら、女性差別を容認する教えをそのまま信者に説いてきたからです。ジェンダーの視点をもたなかったわたしも、そのまま信じていました。

だからこそ、わたしは宗教的自立が必要だと考えるのです。宗祖やその宗祖が絶対とした経典を絶対化しない姿勢が、宗教的自立です。経典や論釈や宗祖の言説に女性差別を認めるなら、素直にその限界を知り、絶対化しないことを宗教的自立と考えたいと思います。経典や宗祖の言説の根幹が揺さぶられることがないと確信できるなら、わたしの選択に確信がもてると思います。それが、宗教的自立だと思います。

あとがき

本書の第2章から第6章がわたしのライフワークであり、そして、もっとも書きたかったテーマが「宗教的自立」の問題です。

わたしの人生のターニングポイントになったフェミニズムに出逢ったこと。そして、そのジェンダーの視点と重なり、生まれたときから身近にあった親鸞の思想にきちんと出逢えたこと。その二つを支柱にして生きてきたわたしは、第6章で記した「宗教的自立」を長い間、課題にしてきました。フェミニズムがいう自立を目標にすることはもちろんですが、とくに日本人にとって「宗教的自立」が必要だと考えてきました。

なぜなら、わたしが過去において、まず、フェミニズムがいう「個」の確立ができていなかったからです。もう一つは、信心（信仰）をもたねばならないと苦しみ、束縛されていたからです。その二つの確立と解放を求めて生きてきたことをわたしのライフワークにしたかったのです。

その二つを「宗教的自立」ということばを創って伝えたいと思いました。それは、「信仰をもたない」と公言する多くの日本人の宗教観にも関係すると思います。その意味では、信仰のあるなしにかかわらず、ひとりの人間として「宗教的自立」を求めることは必至であると、わたしは考えてきたからです。

ところで、本書は、「宗教的自立」などのわたしのライフワークから始まってはいません。第1章は、ライフワークではない内容をもってこざるを得ませんでした。

２０１８年11月28日、その日に忘れることができないことがおこりました。思いもしないことがわたしの身の上にふりかかりました。人生とは何がおこるかわからないといいます。それは悪いことが多いものです。自然災害の被災者、いろいろな暴力の被害者、事故に遭うなど、想定しないことが身の上におこります。わたしにとって悪いこととは、いきなりわたしが「被害者」になるようなことがおこったのです。それは予想もしていないことでした。

第1章で記した「東本願寺ギャラリー展差し替え事件」です。わたしが「被害者」というからには、加害者がいるわけです。それが、東本願寺（浄土真宗大谷派）の教団のトップである宗務総長でした。東本願寺から要請を受け、わたしたち3人で作成した「経典に表れた女性差別」のタイトルのパネル3枚が、制作の過程では何も問題とされなかったにもかかわらず、展示直前の最終チェックの段階で突然はずされるという「事件」がおきました。それはわたしたちがやり遂げようとしていた「女性差別問題」を否定されることでした。そのことは、仏教、経典、親鸞などの言説に女性差別が認められるにもかかわらず、それをないものにしようということを意味しています。

その知らせを受けたのが、２０１８年11月28日でした。内容を聞いて頭が真っ白になり、電話が終わったときに受話器をすぐに降ろすことができないほど、握りしめていました。

相手がだれであれ、守るべきものがないわたしなので、すぐに闘えるはずでした。しかし、実際に「被害者」という当事者になると、すぐには闘うことができませんでした。わたしの身に上におこったことを整然と捉えることができず、何をしてよいのかわからなくなってしまったのです。毎日毎日そのことが頭から離れず、時が経つにつれて、わたしにされたことに対して腹が立ち、怒りに苦しみました。何かをしなければならないと思っても、その「何か」を思いつくことができないほど、思考力を奪われてしまいました。「こんなはずのわたしではない」という自問を繰り返すだけで、まったく思考停止の状態が続きました。

その苦しみからやるべきことを示唆してくれたのが、仲間でした。「事件」の話を聞いてもらい、落ち込むわたしを叱咤激励してくれた仲間がいなかったら、わたしは今回の「事件」を公にすることも闘うこともできなかったと思います。「抗議文」や「公開質問状」にも仲間が親身になって手を入れてくれました。それらは仲間とともにつくったものだと自負できます。本音で話ができる仲間は、ほんとうに大切であり、わたしの生きる支えになっていることを痛感します。「ありがとう」を心から伝えたいです。

冷静に考えることができるようになったとき、わたしの闘いが始まりました。その間、1か月を要しました。そして、納得する闘いができたと思います。ただ、闘いはいちおう終わったものの、わたしがこの「事件」から立ち直るには、まだ足りないものを感じていました。前向きになれないわたしでした。「事件」の総括ができていなかったからです。

再度、わたしがやるべきことを自問しました。結果、わたしは「書くこと」が総括になり、前へ向いて生きることができると思いました。わたしにとって「書くこと」は、生きることだと気づきました。


わたしの闘いによって、東本願寺という教団の女性差別が解消されたわけでも、宗務総長が考えを翻したわけでもありません。実態は何も変わっていないといっても過言ではありません。わたしの闘いの相手は、あまりにも大きく、びくともしませんでした。

しかし、わたしがこの闘いを終えて、わかったことがあります。仏教界をはじめ、経典や宗祖や教団など仏教界に存在する女性差別を考えていこうという仲間が増えたことです。その確実な手応えを感じています。このつながりが、「浄土真宗十派をつなぐ女性の会」の結成になりました。それが、わたしの「宗教的自立」の確立でもあると思えるようになりました。

少なくない方々にとって、この「事件」が宗教界の女性差別の問題を考えるきっかけとなりました。そのことを考えると、この「事件」を公にする意味があったと思います。

本書に登場する人は、すべて実名です。とくに第1章で、ともにパネルを作成した山内小夜子さんと近藤恵美子さんは、東本願寺の内部の「当事者」です。公にすること、名前を出すこと、原稿を読んでもらったことなど、すべてを了解してもらったうえでの実名です。感謝のことばだけではすまない思いがあります。本に著すことを承諾していただけなかったら、わたしは書くことができず、立ち直れていないかもしれません。

そして、実名で登場してくださったすべての方に感謝します。ともに今後の活動につながっていきたいと思います。


仏教・仏教界の女性差別を考えるとき、本書に記した浄土真宗だけではありません。仏教教団は多く、本山のもとに寺、壇信徒が所属しています。教団内で人権問題、とくに女性差別の問題にかかわろうとする人は、ほんとうに少なく、関心をもたない人がほとんどです。

教団内に議会がありますが、男性のみの議会が多く、「女人禁制」の議会といえるでしょう。とうてい男女平等の教団とはいえません。また、壇信徒がおこなう葬儀・法要などに読誦される経典や宗祖も含めて教団の関係者の言説に女性差別表現がまったくない、と断言はできません。

仏教・仏教界の女性差別に関心をもってほしいと念じながら、本書を書きました。社会的弱者が生きやすい社会をめざすのが、仏教だと思います。もちろん宗教はすべてその願いをもっているはずです。女性差別は、すべての人にかかわります。そして、他のすべての差別にも関係します。わたしの願いは、すべての人がジェンダーの視点をもってほしいことです。その願いがいつかかなうことがありますようにと、本書を著しました。

最後に、編集者の久保則之（あけび書房代表）さんへのお礼です。２０１７年に『自分らしい終末と葬儀の生前準備―「生老病死」を考える』を編集・出版していただいたときは、東京と京都府木津川市とが離れていたこともあり、本ができあがるまで、一度もお会いすることがかないませんでした。もちろん電話では何度も話しましたし、信頼ができる人だと確信していました。本の出版記念会を東京で開いたとき、初めて久保さんご夫妻とお会いしました。おつれあいも原稿を丁寧に読み、意見をいってくださっていました。お二人の人柄に直接触れ、関係が実を結んでいくのを感じました。

だから、本書の編集・出版は躊躇なく久保さんにお願いしました。最初の原稿から刊行に至るまでメールと電話が何度往復したことでしょう。原稿の内容に親身になって相談にのってもらったことは、一編集者を超えての関係から生まれたと感謝の気持ちで一杯です。ほんとうにありがとうございました。

２０２０年１月14日

源　淳子

源 淳子（みなもと　じゅんこ）

1947年、島根県奥出雲町の浄土真宗本願寺派の寺に生まれる。

龍谷大学大学院修士課程修了、大谷大学大学院博士課程満期退学。

得度により僧籍をもつ。

専門は、フェミニズムの視点で日本の仏教をはじめ宗教における女性差別の研究を続ける。

【単著】

『鎌倉浄土教と女性』(永田文昌堂、1981年)、『仏教と性』(三一書房、1996年)、『フェミニズムが問う仏教』（三一書房、1996年)、『フェミニズムが問う王権と仏教』（三一書房、1998年)、『「母」たちの戦争と平和』（三一書房、2008年)、『自分らしい終末や葬儀の生前準備―「生老病死」を考える』（あけび書房、2017年）

【編著】

『「女人禁制」Q&A』（解放出版社、2005年）

【共著】

『女性と東西思想』(勁草書房、1985年)、『性差別する仏教』(法蔵館、1990年)、『日本的セクシュアリティ』（法蔵館、1991年)、『解体する仏教』（大東出版社、1994年)、『加害の精神構造と戦後責任』（緑風出版、2000年)、『現代の「女人禁制」』（解放出版社、2011年）

など

仏教における女性差別を考える—親鸞とジェンダー

2020年 2 月14日　第1刷発行
2023年 9 月20日　第2刷発行

著　者——源　淳子
発行者——岡林 信一
発行所——あけび書房株式会社
167-0054　東京都杉並区松庵3-39-13-103
☎03-5888-4142　FAX 03-5888-4448
info@akebishobo.com　https://akebishobo.com

組版・印刷・製本／モリモト印刷

ISBN978-4-87154-176-3 C3036